행복지시등

행복지시등

발행일 2025년 07월 03일
지은이 김장기
펴낸이 김장기

펴낸곳 도서출판 생각풀이
출판신고 제419-2021-000013호
전자우편 k6810@hanmail.net
ⓒ 김장기 2025

인쇄 (주)한솔에이팩스
디자인 정영수

가격 17,000원
ISBN 979-11-993269-0-3(03800)

이 책은 저작권법에 의해 보호를 받는 저작물이므로 무단 전재와 복제를 금합니다.
이 책의 내용을 쓰고자 할 때는 저작권자와 출판사의 허락을 받아야 합니다.

행복지시등

달샘 지음

신혼부터 노년까지,
부부끼리 주고받는
선물과도 같은 행복이야기

생각풀이

둘이 걷는 부부, 넷이 사는 가족의 행복!
가시와 딸들에게 이 책을 바칩니다.

목차

첫머리에 • 11

**제1편
부부의 꽃말**

사랑의 인연 • 18
란타나의 꽃말 • 22
싱글로 사는 이유 • 28
콩깍지의 사랑병 • 33
사랑의 무게감 • 39
사랑의 분량 • 44

**제2편
신혼의 종소리**

하늘이 맺어준 인연 • 50
신혼의 워너비 • 56
나의 바오밥나무 • 60
들장미의 사랑 • 65
사랑 수업 • 70

제3편
아내의 행복

공동존재의 지혜 • 75
사토라레의 능력 • 76
애정 표현 • 81
행복도 측정 • 90
심장 위에 새긴 이름 • 97

제4편
무화無禍의 부부

암각화의 꽃 • 104
주는 사랑 받는 행복 • 109
이 의자에서 저 의자로 • 115
붙여쓰기 부부 • 121
행복의 출처 • 124
행복 고백서 • 130

제5편
공회전의 시간

위기의 다크서클 · 138

사랑의 변곡점 · 144

소용돌이 · 148

매너리즘의 늪 · 153

미움의 폭발력 · 158

제6편
아빠의 자화상

생색내기 아빠 · 164

욕먹는 날 · 168

내가 소주냐 · 172

기러기 아빠 · 176

미련곰탱이 아빠 · 180

제7편
우리 집의 일기장

표준모형 • 188

동남아 유학 • 194

가족력 • 200

미완성의 집짓기 • 205

아빠의 기도 • 210

끝머리에 • 217

첫
머
리
에

부부는 서로 사랑하니까, 쉽게 행복을 말합니다. 감칠맛 나는 사랑의 결실은 행복입니다. 부부의 사랑 이야기를 찾다가 순수한 우리말을 발견했습니다. 가시버시입니다. 결혼한 한 쌍의 남녀를 부르는 곰살맞은 말입니다. 가시는 아내를, 버시는 남편을 지칭합니다. 몹시 부드럽고 친밀한 부부의 호칭입니다. 서방과 각시라고도 불렀습니다.

　부부의 인연을 생각할 때, 가장 먼저 떠오르는 꽃말은 행복입니다. 운명적인 인연으로 엮인 부부의 사랑, 둘 사이에는 행복한 사건들이 참 많았습니다. 그 순간들을 돌이켜보면 무척 행복했습니다. 우연한 만남

같았는데, 세월이 한참 흘러간 뒤에는 신비롭기도 했습니다. 세상에서 숱한 사람들을 만났지만 유별난 인연은 부부였습니다. 서로 깊은 생각과 감정의 공감대를 나누며, 가정이라는 테두리에서 온갖 고민을 껴안고도 행복을 뒤쫓았습니다. 이런 인연을 과학적으로도 검증했습니다.

    뇌과학은 신경전달물질인 호르몬 분비를 통해 부부의 인연을 입증했습니다. 놀라웠습니다. 신경전달물질은 인간의 감정 상태를 촉진합니다. 이런 분비물 중에는 첫눈에 반했을 때, 행복감을 느낄 때, 사랑을 나눌 때, 안정적일 때의 호르몬 분비가 달랐습니다. 부부는 인생 동반자니까요. 어쩌면 당연했습니다. 부부 사이에는 도파민부터 페닐에틸아민, 옥시토신, 엔드로핀과 같은 행복 호르몬들이 넘쳐 흘렀습니다.

    결혼 후 부부는 공통분모의 체적시간을 쌓아갔습니다. 부부의 삶 속에는 공감과 화음의 행복 음률들이 춤을 추었습니다. 사랑의 오선지 위에서 함께 행복 노래를 불렀습니다. 하지만 결혼한 사람들은 알겠지만, 남자와 여자가 함께 사는 일은 쉽지를 않았습니다. 그토록 사랑해놓고, 세월이 흐르면 사소한 미움이나 성격 차이, 경제적 빈곤 등으로 소중한 인연을 중도 포기했으니까요.

요즘에는 이혼을 하나의 트렌드로 여깁니다. 졸혼과 황혼 이혼을 선택합니다. 그렇게 열심히 사랑했는데, 각자의 행복한 삶을 위해 부부 관계를 정리했습니다. 무척 안타까웠습니다.

그래서 나는 부부의 행복 고백서를 용기 있게 꺼내 들었습니다. 처음 사랑을 끝까지 믿고 살아가는 부부들, 두 개의 심장을 하나로 맞추며 살아가고 있는 부부의 삶을 응원하고 싶었습니다. 비록 연애 시절의 두근거리던 심장박동은 사라졌어도, 끝까지 인연을 이어가는 행복감이 감추어져 있었습니다. 여전히 풍화된 삶 속에서도 사랑을 나누었습니다.

그래서 이 책의 저변에는 부부의 사랑과 행복을 담아냈습니다. 책의 제목도 <행복지시등>이라고 붙여 놓았습니다. 인생 소실점을 향해 달려가는 사랑의 발걸음 위에 행복지시등을 밝혀보고자 했습니다. 아무리 세월이 흘러가도, 세상 부부들의 삶은 행복한 꽃으로 피어나야만 했으니까요.

누구나 처음 부부의 길을 걸어가기에 헤매일 수 밖에 없는 상황 앞에서도, 사랑과 행복의 길로 나아갈 수 있는 바닷가의 작은 등댓불이 되기를 소망합니다.

2025. 6. 30
달샘

제 1 편
부부의 꽃말

부부의 사랑은
감동적인 행복 메시지다.

사랑의 인연

　우리는 어떤 모습으로 부부의 사랑을 이어가고 있을까. 무척 궁금했다. 연애하고 결혼한 후, 부부의 삶 속에서 사랑 행진곡을 부르며, 앞으로 잘 나아가고 있는가였다. 실패와 좌절과 고난 속에서도 흔들리지 않고 잘 살아가고 있는가였다. 부부는 시들지 않고 힘있게 사랑 행진곡을 부를 수 있어야 한다.
　사랑의 버전은 다양하다. 서로를 아끼는 마음과 믿음, 깊은 감정 상태였다. 사람들은 부부의 사랑을 애정의 도가니라고 말한다. 그러나 내게는 한때 이상향에 가까운 부부 관계를 의미했다. 지금은 많이 다르다. 함께했던 행복한 시간들, 부부의 사랑은 행복의 시작과 그리움, 지워지지 않는 마음을 담아내고 있다. 이런 이유였을까. 단 몇 시간이라도 절대자의 능력을 덧입는다면, 나는 타임머신을 타고 과거로 돌아가고 싶었다.

아내를 만나 처음 사랑할 때의 순간을 다시 경험해 보고 싶었다.

　우리 부부도 행복의 꽃을 피우려고 인생길을 달려왔다. 생애의 동반자였다. 사랑을 나누며, 행복을 뒤쫓았던 긴 인생길이었다. 하지만 행복한 부부였을까. 물론, 세상에는 사랑을 깊이 나누고 행복을 꿈꾸지 않는 부부는 없을 것이다.
　그렇지만 결혼 후 부부의 삶이 행복했는가는 다르다. 어찌 힘들지 않았을까. 모든 부부의 공통지점은 사랑과 행복이다. 그렇다면 우선 생각부터 다듬어 보자. 부부는 생각도 감정도 서로 다르다. 가정을 꾸리는 법도, 자녀를 양육하는 법도 상대적이다. 이런저런 인생관 차이로 부부의 삶은 뒤죽박죽이 되는 경우도 흔했다. 뒤집어보면, 사랑도 행복도 없는 부부라면 어떻게 해야만 할까. 서로 진저리가 나고 넌더리가 난다면 말이다.
　그저 참고 인내하기만 하면 될까. 다만 조금 달리 볼 여지가 있었다. 체념보다는 부부의 사랑 행진곡이 끊어진 지점부터 다시 생각해 보자는 것이다. 부부는 끊임없이 행복감을 나누어야 한다. 매일매일 힘들고 어려운 상황 앞에서도 사랑과 행복을 주고받는 게 부부의 관계이고 의무다. 일생을 다하는 날까지 끊어질 수 없는 관계다. 이혼을 선택할 만큼 쉽게 취급할 수 있는 인간관계는 아니었다. 사기꾼을 제외하고 이혼을 전제로 결혼한 부부는 이 세상 어디에도 거의 없을 것이기 때문이다.

    하지만 안타까운 현실 앞에 직면해 있었다. 조금만 힘들어도 증오감을 쏟아내며 쉽게 이혼하는 세상이다. 평생을 약속한 부부의 소중한 인연은 사라진 지 오래다. 너무 자신의 삶을 소중하게 여긴 탓에, 가정법원을 오고 가며 쉽게 이혼 도장을 찍었다. 연애 시절과는 달리, 성격도 마음도 맞지 않는다며 한순간에 이별을 선택했다. 사랑이 식었다는 등, 행복하지 않다는 등 경제적인 실익관계를 먼저 따지기도 했다.

    그렇다. 절망적이다. 이혼을 당연시하는 안타까움이 자리를 잡았다. 돌아온 싱글족들이 넘쳐나는 사회다. 그리고 또다시 사랑을 탐한다. 한번 사랑에 빠졌던 사람들은 목마른 가슴을 붙잡고 또 다른 사랑을 찾아 나섰다. 외로움을 극복하지 못하고 남녀의 사랑을 목

말라 한다.

　나는 오랫동안 부부의 행복을 탐구했다. 체험적인 부부의 행복을 이해하려는 게 목적이었다. 우리 삶에서 가장 중추적인 행복의 근원은 부부라는 사실이었다. 부부는 그 자체로서 행복의 꽃이어야 한다. 하지만 사람들은 부부의 행복을 얼마나 깊이 있게 생각해 보았을까. 일생 동안 서로 행복하기 위해 얼마나 노력하며 실천했는가이다.

　나 또한 좋은 남편은 아니었다. 부부의 행복을 말하면, 급격히 자신감부터 쪼그라든다. 하지만 부부는 행복을 꿈꾸는 현재진행형의 인간관계이다. 사랑을 밑거름으로 행복을 꽃 피우는 소중한 인연이라는 것, 앞으로도 계속해서 사랑할 것이란 믿음 위에서 행복을 꿈꾼다. 부부는 끊임없이 사랑 행진곡을 부르는 특별한 인간관계다. 너무 쉽게 다루면 안 되는 일이었다.

란타나의 꽃말

　처음 사랑을 생각하면 순수한 감정부터 떠 오른다. 강렬하고 의미 있는 기억들이 달콤하다. 서툴렀어도, 내겐 특별한 감정으로 남아 있었다. 태어나 살며, 이렇게 마음이 요동쳤던 기억들은 거의 없었다. 처음 만났을 때와 같이 계속해서 사랑할 수 있으면 얼마나 좋았을까. 아쉬움이 컸다.
　그때를 기억하면 한 가지 중요한 비밀을 깨닫는다. 사랑은 누군가에게 마음을 집중시키는 몰입감의 마력을 지니고 있었다. 마음속 깊이 사랑을 품은 만큼 생각의 빈도는 복잡했다. 사랑의 신비로움은 이성을 마비시키고 감정을 휘몰아갔다. 인정한다. 첫눈에 반한 것이다. 갑자기 다가와서 특이한 감정 상태를 불러내는 것은 애태우던 남녀의 사랑이었다.
　말 그대로 사랑병에 빠졌는지, 상대방의 마음을 얻

고자 온갖 애를 태웠다. 밤낮 그녀 생각에 사로잡혀 있었다. 사랑은 남녀의 인연에 기초한다. 눈에 보이지 않는 신비로움, 놀라운 감정적인 동요가 요동친다. 남녀의 사랑은 심리적으로 엄청난 감정적인 몰입감을 감당해야만 한다.

    마음은 한없이 상대방에게 굴러떨어진다. 생전 처음 느껴 본 감정적인 동요는 마음에서 불꽃이 일어날 정도였다. 눈만 감아도 줄줄이 떠오르는 그녀 생각, 마음을 빼앗기고 이성은 제대로 작동하지 못하는 불능상태였다. 사랑하면 더 많은 것을 알고 싶어진다. 모든 것을 공유하고 싶을 만큼, 생각의 몰입도가 증가한다. 아무리 이성적이려고 해도, 그때의 그 감정 상태는 제어하기가 힘들었다. 그토록 원했던 사랑의 순간이 찾아온 것이었다.

    나는 아내를 처음 만났을 때, 그녀에게 란타나의 매력을 느꼈다. 화사하고 재잘거리던 이미지, 처음 본 순간부터 심장은 두근거렸다. 란타나의 속성은 다양한 꽃잎을 피워내며, 시간이 지날수록 색깔은 변했다. 그래서 칠색조이다. 시각적으로도 매우 아름답지만, 핑

크와 노랑 등 뚜렷한 단색의 꽃잎을 피워냈다. 그만큼 자기 개성과 색깔은 분명하다. 이런 점들이 내 아내를 닮았다. 그녀를 만난 후 몰입된 반려견과도 같이, 줄곧 그녀만을 생각했다. 사실 이런 감정 상태였으니, 사랑은 힘들 수밖에 없었다. 얼뜬 표정과 퀭한 모습으로 애를 태워야만 했다.

생각의 과잉반응 현상이었다. 그때에야 사랑의 절실함을 깨달았다. 그래도 매일 몰입감에 빠져 행복한 삶을 꿈꾸는 게 연인의 사랑이었다. 나는 중년의 나이가 되어 열대성 스퀼이 흠뻑 쏟아지던 오후, 뜨거운 태양 빛을 받으며 동남아 이국땅의 테레사 파크를 걷고 있었다. 단청색의 고급 주택이 즐비하게 늘어선 적도 인근의 섬나라 필리핀이었다. 주택가 모서리를 지날 때 팔색조의 여린 꽃잎들이 작은 바람결에도 흔들거렸다. 다채롭고 아기자기한 란타나였다. 작은 바람에도 흥겹던 춤사위가 매혹적이었다. 란타나의 꽃잎에선 짙은 허브향이 쏟아졌다.

"와, 색상과 향기가 너무 감미로운데!"

아기자기하고 애틋했다. 내가 아내를 처음 만났던 기억들이 솟아올랐다. 어릴 때부터 아내와 나는 대관령 산간지대에서 갑순이와 갑돌이로 자라났다. 얼굴이 환하고 예쁜 이웃 동네 아가씨. 그녀를 다시 본 것은 대학의 복학생 시절이었다. 갑작스레 중국 선교사로 파송된다는 이야기를 들었다. 그녀를 보고 싶었고 대학 후문의 카페에서 만났다. 한국을 떠나기 전에 맛있는 밥이라도 함께 나누고 싶었다.

그런데 나를 보자마자 대뜸 성가신 이야기부터 꺼내 놓았다.

"선배는 예전에는 모범생이었는데, 지금은 세상에 찌든 사람 같아요? 선배는 왜 이렇게 총기를 잃어버렸는지, 꾀죄죄한 폐인 같아요."

"뭐, 내가 꾀죄죄한 폐인이라고……,"

그 순간, 그녀의 말은 커다란 충격이었다. 갑자기 할 말을 잃어버렸다. 거칠고 사나운 말을 쏟아내고 있어도, 환하게 웃고 있는 그녀의 얼굴빛은 나와는 달랐다. 그녀는 나를 보며 불쌍한 폐인 취급하듯이 날카로운 비수를 날렸다. 대학입학부터 무신론에 빠져 삶을 포기했던 현실을 직면해야만 했다. 어떻게 살던, 성인이 된 나에게 폐인과 같다고 비수를 날릴 사람은 없었다. 하지만 신랄한 그녀의 비수는 체념 속에서 보냈던 현실을 되돌아보게 했다.

지금의 아내였다. 란타나의 꽃말은 한결같은 사랑이다. 내면적으로 깊이 있고 성숙한 사랑의 관계다. 한번 사랑에 빠지면 언제라도 변치 말자던 언약의 꽃말이다. 란타나의 꽃잎을 향해 짙은 향기 속으로 빠져들었던 애정의 시간, 말초신경까지 자극하던 매혹적인 향기를 느껴야만 했다.

"나도 모르는 순간에 그녀를 마음에 담았다."

누구나 알다시피, 갑자기 생각의 몰입도가 커진다는 것은 사랑하고 있는 반증이다. 사랑의 밀도는 생각의 빈도와도 깊은 관계가 있다. 내 마음은 란타나의 향기로 가득 찼다. 아내를 바라볼 때마다 재잘거리던 란타나의 꽃잎들은 내 생각을 점령한 채 춤을 추었다. 만약 누군가를 향한 생각의 빈도와 시간이 길어졌다면, 그 사람을 깊이 사랑하고 있는 마음속의 증거였다. 사랑은 생각의 몰입과 함께 내 삶을 지배하는 가공할만한 감정적인 동요를 담고 있었다.

싱글로 사는 이유

　외모로 사람을 평가하는 일은 다반사다. 은근히 남녀관계는 얼굴이 예쁘면 무죄, 얼굴이 못생기면 유죄라는 속된 말도 떠돌았다. 세대 간의 불문율이다. 과거나 지금이나 잘생긴 남자, 또는 예쁜 여자에 대한 호감도는 여전히 컸다. 여하튼 남녀관계의 불문율이다. 이왕이면 잘생긴 애인을 선호하고 마음 씀씀이는 그다음이다. 물론 잘 생기고 학벌 좋고 경제력도 부유하면 일등 배우자감이다. 거기에다 성격까지 좋으면 더할 나위 없이 최상급이다. 함께 평생을 살 사람인데, 이것저것 따져보는 것은 당연하다.
　하지만 배우자의 조건이 전부는 아니다. 나는 시도 때도 없이 들었던 말은 "애인 없데", "결혼 안 할 거야"라는 주변의 성가신 압박감이었다. 좀 더 적나라하게 말하자면 "아니 허우대는 멀쩡한 놈이 왜 애인이 없어"라는 핀잔이었다. 일종의 결혼 잔소리였다. 결혼 적령기가 다가오고 애인이 없으면, 가족들은 불쑥불쑥 한 마디씩 볼멘소리를 쏟아냈다. 약 삼십 년 전만 해도, 때가 되면 결혼을 해야만 했다.

    지금과는 다른 결혼풍토였다. 솔로solo로 살아가는 삶에 대한 가족들의 걱정은 이만저만 큰 것이 아니었다. 솔로는 이탈리아어로 홀로 거주하는 사람, 즉 싱글이다. 나이가 늦도록 결혼하지 못하거나, 홀로 외롭게 살아가는 사람들을 총칭해서 솔로, 또는 싱글single이라고 부른다. 싱글족은 결혼하지 않고 혼자 살며, 자신의 삶을 최대한 자유롭게 즐기려는 신세대 독신 남녀의 인생관이 담겨 있다. 남들의 시선이나 사회적 기대보다는 자신만의 생활 스타일을 추구한다. 뭐, 싱글이든 솔로든 쉽게 말해, 둘 다 제 짝이 없는 외로운 기러기 신세다.

    하지만 솔로의 삶을 살아갈 수밖에 없는 뚜렷한 이유가 있다. 지금이야 세상이 바뀌어서 솔로의 생활을 선호하는 사람들도 있지만, 우리 때에는 홀로 살겠다고 말하면 어딘가 삶에서 커다란 펑크가 난 것처럼 인식했다. 인생 문제가 있는 놈으로 취급했다. 불쌍하게 여겼다. 가정을 꾸리지 못하고 혼자 사는 경우를 비정상적인 눈으로 바라보던 세대였다. 솔로의 삶에 대한 원인은 다양했다.

> 청춘 남녀가 혼자 사는 이유는 반경 1km이내에 이성이 없는 사막형 솔로, 이성 친구들은 많아도 정작 애인이 없는 풍요 속의 빈곤형 솔로, 너무 일에 치우쳐서 연애할 시간이 없는 워커홀릭형 솔로, 과거의 연애 경험에서 심각하게 상처를 입은 상처형 솔로, 그리고 연애하는 것 자체가 귀찮은 귀차니스트 솔로 등 다섯 가지였다.
> 출처 | 네이버 블로그, "리라원의 연애에 관한 고찰"에서 발췌

리라원의 "연애에 관한 고찰"에서 밝힌 솔로의 이유였다. 솔로는 이성 친구가 없는 경우, 이성 친구가 많아도 애인이 없는 경우, 워크 홀릭 work holic 으로 연애할 시간이 없는 경우, 상처를 심하게 입은 경우, 그리고 연애에 대한 귀차니즘 등이었다. 나의 경우에는 한동안 이성 친구도 없었지만, 자포자기형의 사례이기도 했다. 경제적인 압박감이 너무 커서 연애와 결혼이라는 것을 아예 포기하려고 했다. 결혼은 내가 선택할 일이

아니었다. 하지만 세대 간의 인식 차이를 반영하듯이, 요즘 2030세대는 싱글로 살아가는 독신주의가 많아졌다. 경제적인 압박감으로 부부의 삶을 포기하고 혼자 사는 것을 선택한 사람들이다.

"결혼해서 함께 사는 게 좋은 것일까?
아니면 솔로인 게 더 좋은 것일까?"

물론 사람마다 다르다. 개인의 선택과 행복을 침해할 수는 없다. 하지만 나를 돌아 보면, 솔로보다는 결혼해서 함께 살 것을 권유한다. 내가 잘났기 때문이 아니라, 아내에게 심각할 만큼 민폐를 끼치더라도, 부족한 남자는 빌붙어 사는 게 현명하다. 비록 가정을 꾸리는 것에 대한 자신감은 급격히 떨어져도 마음껏 배우자를 의지하고 내가 할 수 있는 일을 하면 된다.

이런 마음을 갖게 된 것은 부부의 삶이 내게 안겨준 행복 때문이었다. 참 보잘 것 없던 나는 행운아였다. 가난한 대학원생이었어도 알콩달콩 신혼 생활을 셋방에서 꾸려나갔다. 둘이서 한 지붕 아래에서 행복한 가정을 꿈꾸었다. 인생을 포기한 채 체념으로 가득 차 있던 나는, 결혼 후에 대학원을 다녔고 좋은 직장에서도 근무할 수 있었다. 지금 작가의 길을 걸으며 글을 쓸 수 있는 것도 아내의 도움이 컸다.

사람들이 어떻게 생각하든, 싱글로 사는 독신주의를 탓할 수는 없다. 모든 부부가 행복할 것이라고 장담할 수는 없다. 부부의 삶은 행복할 수도 있고 불행할 수도 있다. 하지만 부부의 삶을 너무 두려워하지는 말라는 것이다. 서로 합심해서 행복한 가정을 만들어가는 게 부부다. 부부의 삶에서 얻고 깨닫는 것도 많다. 솔로의 삶에서는 맛보질 못할 진귀한 보물들도 많다는 것, 부부의 사랑을 쌓아가다 보면 이보다 더 큰 행복은 없을 것이란 삶의 환희를 누린다.

콩깍지의 사랑병

연애 초기에는 모든 게 아름다워 보인다. 그녀의 자태와 체취, 말, 행동 등 어느 것 하나 사랑스럽지 않은 게 없었다. 보편적으로 몇 년 정도는 그녀의 모든 게 아름답게 보였어도, 점차 감정의 변화가 일어난다. 모든 게 아름답게만 보였던 긍정적인 시기를 '콩깍지가 씌었다.'라고 말한다. 하지만 콩깍지가 벗겨지는 시기가 찾아온다.

사랑은 단순한 감정의 몰입 상태가 아니라, 감정변화에도 계속해서 사랑의 관계를 유지하려는 노력이 필요하다. 시간이 지날수록 더욱 애틋한 사랑의 관계를 유지하려면 감정변화에 맞게 애정 관계를 잘 유지하기 위한 마음이 절실하다. 건강한 연애 상태를 유지하는 지혜가 필요한 때다.

대부분 부부는 연애 시절부터 유별난 사랑의 감정

에 빠진다. 심각할 경우, 사랑의 환상이나 착각에 빠지기도 했다. 애인에게 나의 뇌 감각이 중독된 상태, 또는 환각 상태에 가까울 만큼 그리움에 흠뻑 젖어있는 심리적인 상태를 경험한다. 그런데 이상한 것은 마음과 몸은 그녀에 대한 감정 몰입으로 온갖 그리움에 빠져있어도 행복감을 느낀다. 사랑이라는 그 자체가 감성적인 동요를 품고 있다.

 요즘도 젊은 청춘남녀의 최고 관심사는 연애다. 시대를 불문하고 가슴에서 가슴으로 이어지는 감정의 몰입, 주로 스무 살 전후에 처음 경험했던 게 남녀 간의 짙은 사랑이다. 평생의 제 짝을 만나고 싶었고 꿈에서도 그리워할 정도였다. 그리고는 미지의 세계를 탐구하듯이, 실체가 보이지 않는 애정 관계에 대한 상상력을 발동하기도 했다. 내가 청춘의 때에 상상력으로 그려 본 아내의 이미지는 귀엽고 밝은 스타일의 현모양처였다.

 이런 아내를 만나면 한눈에 알아볼 수 있을지도 궁금했다. 그저 스쳐 지나가는 인연이 아니라, 운명적으로 엮인 부부의 관계라면 이성보다는 마음과 몸이 먼저 알아볼 수 있을 것이란 생각도 들었다. 일생을 함께 살아갈 운명 같은 존재를 만나는 일, 반쪽을 만나는 일은 상상만 해도 날아갈 듯이 기분이 좋았다. 그리고 언젠가는 꼭 만나게 될 것을 기약했다. 그저 막연한 꿈이기는 했어도 기대감은 높았다.

    인생 반쪽을 만나면 이성보다 몸이 먼저 반응하고 생각보다는 마음이 먼저 움직였다는 사람들도 꽤 많았다. 자기 인생의 반쪽을 찾아내는 일이 일생일대의 과제인 청춘남녀도 있었고 빨리 만나고 싶어 안달이 난 사람들도 있었다. 얼마나 제 짝을 만나고 싶었으면, 마치 사랑을 찾아 도시를 막연히 떠도는 하이에나와도 같았을까. 남녀관계에서 사랑에 대한 집착은 무척이나 심각했다. 지독한 애정 관계에 사로잡히면 '상사병'이라는 심리적인 불치병을 앓았다.

    "상사병, 끊임없이 애정이 샘솟는 마음의 병이다."

    깊이 사랑할 때 발병하는 애틋한 그리움의 실체다. 상사병은 사랑으로 인해 생긴 마음의 병, 특정한 사람을 향한 그리움이 너무 강렬해서 마음을 애절하게 만드는 인생 사모곡이다. 이런 열정적인 사랑을 해본 사람들은 눈시울이 촉촉하다. 그만큼 감성적인 삶을 경험해 본 까닭이기도 했다.

나는 상사병을 사랑의 블랙홀이라고 부른다. 누군가에게 마음을 빼앗겨 앞뒤를 분별하지 못하고 한없이 빠져들던 감정 마비 상태의 블랙홀을 닮았다. 이성은 순식간에 마비가 되었으며, 그녀를 향한 몰입된 생각에서 벗어나지를 못했다. 상사병 증상은 온종일 심장이 쿵쾅거리는 정신적인 압박은 물론, 우울증이나 수면장애, 식욕 저하와 같은 일상생활의 어려움을 동반하기도 했다. 불안감에 휩싸여 합리적인 지각과 사유, 판단능력을 잃어버린 심리적인 압박감에 시달렸다. 요즘 신세대들은 상사병을 '짝사랑 증후군', '연애 번아웃'과 같은 신조어로 표현한다. 하지만 우리 때는 청소년기에 겪는 열정적인 그리움의 일종인 사랑병으로 인식했다.

"그녀를 보고만 있어도 행복했어요."

"함께 있는 것만으로도 심장이 두근거려서 금방이

라도 터질 것만 같았어요."

　이쯤 되어야 상사병을 앓고 있는 콩깍지 증상이다. 내 친구 중에도 상사병을 앓았던 친구가 있었다. 제법 공부를 잘했던 친구였는데, 몇 개월째 학교 수업만 끝나면 그녀의 집 앞에 가서 기다리곤 했다. 대학진학 공부를 해야 하는데, 현실 상황은 뒷전이고 뒷북이었다. 가끔 그 모습이 안타까워 주변에서 말렸지만, 전혀 소용이 없었다. 짐작건대, 그때 그 친구의 애틋함은 그리움이 똘똘 뭉쳐서 우주 속의 물리적인 존재들과 같이 끌어당김의 법칙이 작동했는가 싶다. 일일이 세밀하게 말하지 않아도, 그녀에게 무한정 마음을 빼앗기고 심장이 쿵쾅거리던 경험이었을 것이다. 그렇게라도 사모했던 그녀의 집 앞에서 상상력을 발동하며 기다리는 것만으로 마음은 행복감으로 충만했을 것이다. 몰입된 사랑은 상상력을 초월한다.

　"사랑에 빠지면 한없이 끌어당기고 또 끌려가는 현상, 눈에 보이지 않아도 사랑의 감정은 상상력을 초월한다."

어쩌면 심리적인 압박감을 겪어야만 하는 게 상사병이다. 그렇지만 젊어서 한번쯤 경험하는 것은 나쁘지는 않을 듯싶었다. 결혼하기 전에 열정적으로 제 짝을 사랑한다는 것은 쉽게 경험해 볼 수가 없는 진귀한 인생 보물이라는 생각이 든다. 나이를 먹고도, 부부의 애틋한 사랑을 유지할 수 있는 것은 과거의 열정적이었던 기억이 큰 도움이 되기도 한다. 한동안 상사병을 앓는 것은 평생을 함께 살아갈 사랑의 특권이지 않을까 싶다.

사랑의 무게감

　사랑은 측정하기 힘들다. 하지만 누구에게나 마음으로 감당할 수밖에 없는 커다란 심리적, 감정적인 영향력을 끼친다. 사랑은 애틋한 감정 상태를 넘어 서로에 대한 책임과 헌신을 요구한다. 사랑이 주는 기쁨과 환희, 슬픔과 좌절, 책임과 헌신은 무겁게 가슴을 짓누른다. 그래서 사랑은 생각만큼 간단하지를 않다. 물리적으로 측정할 수는 없는 마음 상태이지만, 우리 삶에서도 무겁게 작동한다.
　누군가를 사랑하면 예상했던 것보다 훨씬 많은 시간을 애태워야 한다. 사랑이 주는 심리적, 감정적 영향력을 무시할 수는 없다. 남녀 사이에서 누군가를 깊이 사랑할 때, 그 사랑의 깊이로 인해 겪어야만 하는 심리적인 복잡함이 사랑의 무게감이다. 사랑의 깊이를 자로 재고 저울로 달 수는 없지만, 사랑할 때 느끼는 감정은 복잡하고 우리 삶에도 막대한 영향력을 끼친다.

사랑의 의미를 깨닫는 것은 쉽지 않았다. 사랑의 감정이 내게 주는 의미는 특별하다. 여하튼 남녀 간의 사랑은 미묘하고 복잡하다. 마치 특별한 인간관계에 대해 하드 트레이닝을 받는 것 같기도 했다. 사랑은 엄청난 몰입감을 뿜어냈다. 밤새 잠을 못 자거나, 티끌같이 굴러들어온 그녀가 갑자기 엄청난 부피로 늘어나는 게 사랑의 실체였다. 이상하게 사랑의 무게감에 짓눌려 있어도 행복감은 세상을 다 가진 듯했다. 일상생활 전체를 휘감고 돌아가던 버거운 불안감, 그것이 바로 사랑의 복잡함이고 무게였다.

사랑의 무게는 대중적인 인기 드라마였던 <도깨비>에서 지구보다 큰 질량감으로 표현했다. 주인공 공유의 감정 고백이었다. 불멸의 삶을 살고 있던 도깨비 김신, 그는 캐나다 퀘벡의 한적한 공원에서 지은탁이 선물한 시집을 읽고 있었다. 붉은 단풍잎이 꽂혀 있던 <사랑의 물리학>이라는 김인육 시인의 시詩였는데, 홀로 사랑을 고백하던 무게감이 잘 드러났다. 작고 티끌같은 사랑의 감정 상태가 갑자기 엄청난 부피의 무게감으로 작동했다.

사랑의 물리학

김인육

질량의 크기는 부피와 비례하지 않는다.
제비꽃같이 조그마한 그 계집애가
꽃잎같이 하늘거리는 그 계집애가
지구보다 더 큰 질량으로 나를 끌어당긴다.
순간, 나는 뉴턴의 사과처럼
사정없이 그녀에게로 굴러떨어졌다.
쿵 소리를 내며, 쿵쿵 소리를 내며
심장이
하늘에서 땅까지
아찔한 전자운동을 계속하였다.
첫사랑이었다.

나는 사랑의 감정 상태를 이렇게 질량감 있게 표현한 시(詩)를 본 적은 없었다. 시 전문에서 느껴지던 사랑의 질량감은 처음에는 작은 씨앗에 불과했는데, 제비꽃 같았던 조그만 계집애가 지구보다도 훨씬 더 크게 부풀어 올랐다. 도깨비의 마음은 그녀 생각으로 가득 차 있었다. 다른 생각들이 비집고 들어올 틈이 없을 만큼 몰입된 감정 상태를 느껴야만 했다. 하늘거리던 계집애가 안겨주던 사랑의 질량감은 상상을 초월했다. 부끄럽게도 심장은 쿵쾅거리고 마음은 한없이 계집애를 향해 굴러떨어졌다.

　일생에서 한번밖에 경험할 수 없는 아찔한 순간이기도 했다. 이뿐만이 아니다. 사랑할 때의 심장은 그녀를 볼 때마다 콩닥거리던 아찔한 전자운동까지 일어났다. 눈에는 불꽃이 튀고 정신 줄을 놓아버릴 지경이었다. 금방이라도 활화산처럼 터져버릴 것 같이 널뛰던 심장, 일찍이 전신에서 묘한 흥분을 불러냈다. 뜨겁게 달아오르던 눈부신 압박감을 경험한 적이 없었다.

　사실 이쯤은 되어야 남몰래 스며든 사랑의 무게감이라고 말할 수가 있다. 사랑하게 되면 몰입된 감정 상태는 한 사람만을 바라보며 움직인다. 다른 것은 전혀 눈에 들어오지를 않는다. 처음에는 그저 우연처럼 사소한 인연에서 비롯되지만, 한순간에 마음을 빼앗겨 버릴 만큼 몰입된 감정 상태에서 벗어나지를 못한다. 티끌 같은 감정이 부풀어 오른다. 마음속 깊이 자리 잡은 그녀의 모습은 지구보다도 훨씬 크게 마음 깊이 자리를 잡는다.

사랑의 무게는 상상을 초월한다. 사소한 감정 상태가 활화산처럼 타오른 게 사랑이다. 세상에서 사랑을 나누는 것만큼 감정적으로 흥분되는 일은 없다. 서로 사랑하고 싶고 사랑받고 싶어한다. 우리 삶에서 남녀의 사랑은 중요한 부분을 차지하고 있기에, 인간은 사랑의 동물이라고 말한다.

사랑의 분량

　사랑하면 몹시 그립다. 종종 문학이나 영화에서 볼 수 있는 흔한 주제는 사랑이다. 사랑하는 사람과의 감정적 유대나 애정, 헌신의 정도를 예술 작품으로 승화시켰다. 이런 사랑의 감정 상태는 목숨까지 바쳐 사랑한 연인 관계를 다루었다. 사랑을 노래한 문학이나 영화작품을 보고 나면, 사랑은 영원히 사라지지 않을 것만 같은 헌신적인 인간관계의 음율을 남긴다.
　그리고 그 속에는 그리움을 품고 있는 숱한 생각들이 회오리바람처럼 일어난다. 아무리 애정 관계에서 벗어나려고 발버둥 쳐도, 주인공들의 영혼육은 걷잡을 수 없는 애틋한 감정에게 잠식당한듯했다. 온통 상대방을 향한 헌신과 언약, 그리고 그리움뿐이었다. 그렇다면 우리가 말하는 사랑이란 무엇일까. 그 어원은 '생각'이라는 단어였다. 누군가를 생각한 만큼, 사랑하고 있다는 반증이었다. 몰입된 생각의 분량이 사랑의 크기라는 말이었다.

결국 진정한 사랑의 분량은 곧 생각의 크기라는 결론에 이르기도 했다. 이런 주장을 잘 대변해 주는 것은 <작가들의 연애편지>였다. 작가들의 낡은 서랍 속에 꼭꼭 숨겨놓았던 연애편지, 비밀스러운 사랑의 향기를 공급했다. 그중에서도 박형준 시인의 "당신을 사랑하는 것이 아프다."는 공감적인 사랑의 감정을 발견할 수가 있었다. 상상 속에서도, 꿈속에서도 어김없이 피어나는 몰입된 사랑의 환상, 때론 너무 힘들어서 잊어버리고 싶어도 쉬이 잊혀지지를 않는다.

때때로 당신을 사랑한다고 말하는 것이 저는 아픕니다. 당신이 바라는 사랑이 밝게 빛나는 등이라면 저는 이슬처럼 공중에 떠 있다가 사라지는 빛을 닮아서 연약한 당신을 아프게 할지도 모릅니다. 당신이 버스를 기다릴 때 저는 당신을 향해 손을 흔들 수가 없습니다. 당신을 위해서라면 저의 피곤은 행복입니다. 당신이 버스를 기다리는 사이, 내가 나무에 기대어 있는 사이, 제가 들리지 않는 목소리로 당신께 드리고 싶은 말은 어둠에 젖은 플라타너스 잎사귀에 가려 소리 없이 흔들립니다.

출처 | 김다은 엮음, <작가들의 연애편지>, 생각의 나무, 2006

시인은 숱한 상상 속을 거닐었다. 연약한 당신을 아프게 할지도 모른다는 두려움, 어둠에 젖은 플라타너스나무에 기대어 서서 온갖 생각 속으로 걸어갔다. 마치 그녀를 향한 생각은 또 다른 생각을 낳는 생각의 도미노 현상을 불러내는 듯했다. 시내버스 정거장의 플라타너스나무에 기대어 서서, 내게 다가올 것만 같은 애틋한 사랑을 품고 진솔하게 고백하고 싶었다. 돌이켜보면 나는 사랑에 빠졌을 때, 몇 날 며칠을 시공간 속에 갇혀서 그녀 생각으로 가득 차 있었다. 잊혀지지 않는 꽃, 지워지지 않는 영혼의 체취가 사랑이었다.

사랑론論
허영만

사랑이란 생각의 분량이다. 출렁이되 넘치지 않는 생각의 바다, 눈부신 생각의 산맥, 슬플 땐 한없이 깊어지는 생각의 우물, 행복할 땐 꽃잎처럼 전율하는 생각의 나무, 사랑이란 비어 있는 영혼을 채우는 것이다. 오늘도

저물녘 창가에 앉아 새 별을 기다리는 사람아, 새 별이 반짝이면 조용히 꿈꾸는 사람아.

출처 | 허영만, <첫차>, 황금알, 2005

    사랑에 빠지면 온종일 그녀 생각으로 꿈을 꾸었다. 논리적이거나 이성적인 생각보다는 그녀에게 몰입된 감정 상태에 휩싸여 엄청난 양의 상상이나 생각을 불러냈다. 그 이유는 너무 간단하다. 생각의 바다와 산맥, 우물, 나무와 같이 애절한 몸부림으로 채우는 것, 또는 텅 빈 마음을 간절한 염원으로 채워야만 하는 것이다. 시간 날 때마다 절대자에게 매달린 사랑의 서원은 끝없이 흘러나왔다. 밤낮 그리워하는 마음은 용광로처럼 들끓었다. 사랑하게 되면 사랑한 만큼 생각의 분량이 엄청난 부피로 늘어나는 게 묘미였다.

제 2 편
신혼의 종소리

평생을 사랑할 사람과
공동존재로서 첫출발을 이루었다.

하늘이 맺어준 인연

　부부는 각별하다. 절대 가벼운 관계는 아니다. 부부의 인연은 인간적인 만남이냐, 또는 하늘이 맺어준 인연이냐이다. 우리 사회에서도 전통적으로 '붉은실' 인연이라는 전설이 전해온다. 부부는 서로 운명적으로 엮여 있어서, 어떤 장애가 있더라도 반드시 만나게 된다는 운명론이다. 부부의 인연은 인간적인 만남보다는 이미 하늘의 뜻이 담겨 있었다.
　고전적인 이야기라도 부부 인연의 소중함과 운명적인 만남을 강조한다. 하지만 세상에서 둘도 없는 소중한 인연은 애틋한 연정인지 사랑인지 헷갈릴 때도 있었다. 또한 마음속의 그리움인지, 오랜 기간 쌓아온 정분인지 분간하기 어려울 때도 있었다. 어떤 이들은 마음속의 그리움이든 정분이든 거기서 거기라고 말한다. 여기서 말하는 그리움은 끊임없이 사모하는 마음과 깊은 관계가 있다면, 정분은 함께 살아가는 동안에 생성된 친밀감이다.

하지만 해석은 다를 수가 있었다. 처음 만난 순간이 '하늘이 맺어준 인연이냐', 우연히 만난 '인간관계이냐'에 대한 견해였다. 하늘이 맺어준 인연이라면 계속해서 좋은 인연을 이어가기 위해 노력해야 한다. 단지 쉽게 만나기도 하고 헤어질 수 있는 인간관계와는 다른 각도에서 부부의 인연을 다루어야만 한다. 우연히 만난 인간관계와는 차원이 다르다.

이런 점에서, 부부의 인연은 차원이 다른 인격적인 사랑의 관계다. 그저 쉽게 만났다가 헤어질 수 있는 가벼운 관계는 아니다. 한시적인 인간관계를 뛰어넘어, 부부의 인연은 인격적인 존중과 배려의 순간들이 찾아온다. 하늘의 허락 없이는 스스로 엮을 수도 끊어낼 수도 없는 불가분의 관계다. 그래서 부부의 인연은 천생연분天生緣分, 천생인연天生因緣, 천생배필天生配匹이라는 말을 쓰는데, 이 뜻은 하늘이 맺어준 운명과도 같은 제 짝과의 만남이라는 것이다.

과학적으로도 천생연분天生緣分을 증명했다. 한국과학기술정보연구원에서 발간한 <과학향기>에서도 천생배필을 만나면 의식보다는 몸이 먼저 반응한다며 캐나다 몬트리올대학의 스테판 미치닉Stephen Michnick교수팀의 연구 결과를 제시했다. 남녀관계만큼은 객관적인 사실을 믿는 과학자들이 미신을 신봉하는 듯했다.

천생연분을 만나면 이성에게 영향을 주는 호르몬이 체내로 투입되고 특정 분자가 활성화되어 특정한 신호를 전달한다. 두뇌는 마음에 꼭 드는 이성을 만났다는 신호체계를 전달하고, 신기하게도 의식보다는 몸이 먼저 알아본다. 제 짝을 알아보고 첫눈에 짙은 호감을 보이는 이유다. 첫눈에 반했다는 것은 사랑의 호르몬이 급격하게 증가한 것이기도 했다. 요즘 신세대 말로는 영짝을 만난 것이다. 영혼의 짝꿍, 꿈에서조차 그리워했던 인연 중의 인연이다. 젊은 날의 상상 속에서 매일 기다리고 기다렸던 만남의 순간이기도 했다.

"하늘이 맺어준 배필,
하나라는 깊은 공감대의 사랑"

흔히 부부 관계는 원앙새에 비유한다. 원앙은 잔잔한 호수 위를 함께 노닐던 영혼의 단짝이다. 기독교에선 자기 목숨보다 소중한 동역자이고, 불교에선 영겁의 인연을 통해 맺어진 현생 인연으로 다룬다. 세상에 태어나기 전부터 영혼들끼리 사전에 합의하고 부부의 인연을 맺었다는 설도 있다. 그만큼 부부는 일생일대의 인연이며, 신분과 나이 차이를 떠나 매우 친밀한 관계를 이룬다.

더욱 놀라운 사건도 일어났다. 머니투데이의 2023년 4월 26일자 해외토픽에는 7년간의 열애 끝에 43살의 나이 차이를 극복하고 결혼한 신혼부부를 소개했다. 파라과이의 한 마을에는 70세 할머니와 27세 청년이 부부의 인연을 맺었다. 축하 하객들은 나이 차이가 있어도 두 사람의 사랑은 진실뿐이라고 증언했다. 신부인 70세 할머니는 "남편은 순수한 사랑으로 내 곁에 영원히 있을 것"이라며 결혼 소감을 드러냈다. 서로 사랑하고 있기 때문에, 국경도 나이도 두 사람에겐 중요하지를 않았다.

부부는 신분이나 나이를 떠난 사랑의 결합체이다. 바로 부부의 인연이다. 몸과 마음이 하나라는 공동존재일 때의 일체감이 훨씬 크고 행복의 실체로서 부부의 일생을 마음껏 누리며 살아갈 수 있는 운명이다. 현실적인 조건을 떠나 애틋한 마음으로 살아가는 게 인연이다. 공감적인 일체감을 품고 일생을 함께 살아간다. 문정희 시인은 부부란 어떤 이름으로도 평가하기 힘든, 오랜 세월 풍화작용을 거치며 그 옆에는 풀꽃 더미를 풍경으로 거느린다고 말한다.

    부부란 어떤 이름으로도 잴 수 없는
    백 년이 지나도 남는 암각화처럼
    그것이 풍화하는 긴 과정과
    그 곁에 가뭇없이 피고 지는
    풀꽃 더미를 풍경으로 거느린다.
    출처 | 문정희, <다산의 처녀>, 민음사, 2010

    한평생을 함께 보낸 부부의 삶, 세월이라는 돌판 위에 또렷한 암각화를 새겨놓는다. 하늘이 맺어준 특별한 사랑의 결실이다. 숱한 비바람 속에서도 암각화된 상태로 지워지지 않는 고귀한 이름. 아무리 미화를 해도 일생토록 아름다운 결실을 거느릴 수 있는 관계는 부부 밖에는 없었다.

부부의 생애는 지워지지 않는다. 숱한 세월 속에서도 가뭇없이 피고 지던 순간들을 남긴다. 부부의 생애는 긴 풍화의 과정에서 암각화된 풀꽃 더미를 거느린다. 부부의 사랑이 피워낸 흔적이다. 부부는 삶의 종착역을 향해 나아갈 때 숱한 인생사를 거느린다는 점, 꼭 기억해 두어야만 할 삶의 흔적이다.

신혼의 워너비

사람들은 갖고 싶은 것, 되고 싶은 것, 하고 싶은 것이 있다. 희망 또는 기대라고 부른다. 우리가 품고 있는 희망은 차이가 있다. 이런 것을 의미하는 신세대 표현은 워너비, 또는 추구미다. 둘 다 원하는 것을 바라는 행동이지만, 요즘 Z세대들은 개인의 취향과 스타일을 더욱 중시해서 워너비보다는 추구미를 좋아한다. 워너비는 그저 동경하는 이상향의 욕망이라면, 추구미는 보다 개인화된 부부 관계의 실현이다. 자신들에게 맞는 현실을 원한다.

신세대의 신혼부부들은 TV, 냉장고, 세탁기와 같은 필수 가전제품에 투자하는 경향이 크다. 결혼식과 예물 비용을 줄이는 대신, 신혼부부의 생활편의를 위한 가전제품과 같은 생활용품구입에 더 많은 예산을 지출한다. 생활능력이 뛰어난 젊고 똑똑한 부부다. 우리 때와는 다른 신혼부부의 결혼관이다. 나와는 다른 시선 차이를 느껴야만 했다.

내가 결혼할 때, 하늘에서 하얀 결정체들이 쏟아졌다. 따뜻한 봄기운이 맴돌던 삼월 초순이었는데, 갑자기 함박눈이 내렸다. 마치 날씨는 봄에서 겨울로 역행하듯이 순백의 하얀 세상을 그려냈다. 절대자도 축복하듯이 성스러운 기운이 맴돌던 서설이 세상을 뒤덮었다. 신혼부부의 결혼식 날, 한 공간에서 사랑하는 사람과 새로운 삶을 출발하던 시점이었다.

결혼 당시에는 양가 부모님이 살아계셨던 백두대간의 산간 마을, 농협 조합원 자제라는 특혜를 받고 예식장에서 결혼식을 올렸다. 그때는 결혼이라는 것이 실감이 나지를 않았지만, 선남선녀善男善女의 결혼식을 축복하듯이 순백의 결정체들이 마음껏 휘날렸다. 하얗게 변한 세상에서 아리따운 신부와 함께 평생 반려자의 인연을 맺었다.

"결혼식 날 함박눈이 쏟아지면 잘 산데!"

아직도 귓가에 맴돌고 있는 덕담이었다. 돌아가신 장모님께서 허물없이 쏟아낸 축복의 말씀이었다. 우리 부부가 결혼했던 가장 큰 힘은 끈끈한 신앙 두 쪽이었다. 나는 어릴 때부터 기독교 가정을 꿈꾸었으며, 남편과 아내가 합심하여 헌신과 기도로 자녀를 키우는 기독교 가정이었다. 남편이 독단적으로 대소사를 결정하는 가부장적인 모습이 아니라, 함께 섬기며 협력하는 가정이었다.

　우리 부부의 인생 워너비였다. 앞으로 아이들을 낳고 키우며, 사회 내에서 마음으로 융합된 가정을 이루고 싶은 기대였다. 결혼 후 행복한 삶과 미래에 대해 꿈을 꾸었다. 이를 위한 실천 계획을 세우고 싶었는데, 막연한 동경일 뿐이었다. 아주 오랫동안 같은 곳을 바라보며, 함께 행복한 발걸음을 걷고 싶은 게 신혼부부의 꿈이었다.
　우연히 네이버 블로그를 방문했다가 서윤덕씨라는 분이 써 놓은 글을 읽었다. 신혼부부가 생각해야만 하는 소중한 조언이었다. 부부란 따뜻하게 서로 손을 마주 잡고, 굴곡진 인생길이라도 함께 걸어가고 싶은 공동존재였다. 내가 꿈꾸었던 신혼부부의 워너비는 인생 소실점까지 서로 연합하여 가정을 이루고, 멀고 먼 인생길을 달려가는 일이었다.

그대가 잡아 준 손이 참 따뜻합니다.
오랫동안, 아주 오랫동안 같은 곳을 바라보며 걸어가고 싶었습니다.

출처 | 서윤덕, 심청이 노인주간보호센터의 블로그에서 발췌

신혼부부의 결혼관은 세대 차이를 갖고 있다. Z세대는 현실적인 생활관이 뚜렷한 특징을 갖고 있다면, 나의 결혼관은 이상향에 가까웠다. 신혼부터 지금까지 부부의 삶을 이상적으로 꿈꾸었지, 현실적인 생활관과는 동떨어진 느낌을 받기도 했다. 하지만 후회하고 싶지는 않았다. 부부란 아주 오랫동안 같은 곳을 바라보며, 함께 걸어가야만 할 인생 동반자였다.

나의 바오밥나무

아내와는 꿈결 같은 일생을 살고 싶었다. 서로 인생을 보듬으며 성장과 치유의 삶을 꿈꾸었다. 처음 시작은 미미하지만, 창대하고 행복한 부부의 결실을 꿈꾸었다. 그리고 내 마음속의 아내는 애틋한 여인으로, 오랜 세월 속에서도 행복이란 퍼즐을 맞추어 가는 부부의 행복을 기대했다.

내 꿈과는 달리 아내와의 삶은 힘겨운 시간을 이겨낸 흔적들로 채워져 있었다. 오랜 시공간 속에 녹아 있는 아내의 체취였다. 그동안 함께 산 아내의 모습에서 떠오른 것은 바오밥나무였다. 건조하고 힘들었던 생활환경을 꿋꿋하게 이겨낸 바오밥나무, 신혼의 꿈을 이루지 못하고 거꾸로 서 있는 듯한 삶의 암각화였다.

바오밥나무는 건조한 아프리카 사바나 지역을 상징한다. 아프리카 전설에 따르면 신이 세상을 창조할 때 가장 먼저 만든 나무라고 한다. 바오밥나무가 너무 교만해서 신이 거꾸로 나무를 심었다는 이야기도 전해진다. 또한 악마의 나무라고 한다. 어느 날 악마는 바오밥나무 가지에 걸려 넘어지자 화가 나서 나무를 거꾸로 세워버렸다고 한다. 하지만 바오밥나무는 오랜 생명력, 거칠고 삭막한 환경, 그리고 사람들의 삶과 문화 속에 깊이 뿌리를 내리고 있다. 삶의 의미를 되새겨 볼 수 있는 고귀한 존재다.

아내와 함께 산 세월 속의 흔적도 유사했다. 오랜 기간 힘든 환경에서 나와 가족들의 삶과 생활 속에 깊이 뿌리를 내리고 있었다. 오래 머무르고 있는 것만으로도, 체화된 생명력을 꽃 피우는 게 아내였다. 하지만 갓 결혼했을 때의 기억들이 떠올랐다. 그때는 배우자를 부르는 호칭부터 애정이 넘쳐났다. 닭살이 돋을 만큼 살갑기도 했다. 신혼부부 시절에는 서방과 각시라고 불렀다. 이제 부부가 되었으니, 당신은 내 것이라는 듯이 소유의 주체가 누구였는지를 각인시키는 듯했다. 서방은 새신랑을, 각시는 새색시를 호칭했지만, 섬겨야 할 배우자가 있고 헌신적으로 돌보아야만 할 신혼 가정이 있는 호칭이기도 했다.

  그래서 유래를 찾아보았다. 서방은 조선시대의 처가살이에서 유래했다. 그 당시는 처가살이가 관례였는데, 처가에서 새신랑이 머물던 방의 이름이 서방이었다. 그러나 각시의 어원은 찾아보기 어려웠다. 왜 사용했는지, 어디서 유래했는지 구체적인 출처를 알 수가 없었다. 말의 사용처는 우렁각시, 각시바위, 각시섬, 수덕각시, 비비각시 등 다양했지만 지레짐작만 할 뿐이었다. 각시의 공통점은 아리따운 여인, 호감 있는 여인을 부르는 애틋함이 느껴졌다. 하물며 참 안타까운 표현도 섞여 있었다. 정겨운 호칭과는 달리, 남편과 아내를 비꼬는 듯한 표현들이었다. 흔히 '내편'이 바뀌어 '남편'이 되었다는 빈정거림이었다. 처음에는 내 편인데, 훗날 살다 보니 남의 편이 되었다는 말장난이었다. 이외에도 부군, 지아비, 바깥양반, 임자, 우리 집주인, 애기 아버지, 영감 등이었다.

  남편과는 달리 아내의 호칭에도 부계 사회의 남녀 차별적인 의미를 담고 있었다. 우스개 농담이지만, 오늘날에도 아내의 어원이 "아~네"라는 수동적인 대답에서 비롯했다는 빈정거림이 떠돌았다. 아내의 호칭은

안사람, 집사람, 처, 내자, 부인, 각시, 여보, 애기엄마, 색시 등 다양하다. 애처로운 것은 마누라, 여편네 등 한없이 낮추어 부르는 남편들의 철없는 행동이었다. 배우자에 대한 저급한 표현과는 달리 집 안의 태양인 '안해'에서 유래했다는 주장도 있었다. 바로 조정한 시인과 같이 아내의 이름은 망설임 없이 함부로 부를 수 있는 가벼운 호칭이 아니라는 것이다.

존재만으로 머물러 있어도 좋은
바오밥나무처럼 오래토록
곁에 있어 준 사람
그대 이름

출처 | 조정한, "아내"에서 발췌

그렇다. 아내는 바오밥나무처럼 오랫동안 내 곁에 머무는 존재였다. 어느 날, 나는 아내에게 어떻게 불러주면 좋겠느냐고 직접 물어본 적이 있었다. 그녀의 대답은 자기 이름을 사랑스럽게 불러 달라고 했다. 세상에서 하나밖에 없는 유일무이$_{唯一無二}$한 존재의 이름. 나만의 대명사다. 아내의 이름을 소홀히 취급하거나 함부로 부르면 감당하기 힘든 일이 일어날 수가 있다.

　내 곁에서 아주 오랫동안 함께 있어 준 고귀한 생명 나무. 아무리 자녀들과 함께 있어도, 언젠가는 독립된 삶의 주체들이 되어 부부의 곁을 떠나가야 한다. 하지만 아내는 다르다. 일생을 함께 살아가는 고귀한 존재다. 가끔 나와는 달리 거꾸로 서서 내 의견을 질책하기도 했지만, 마음 깊이 새겨두어야만 할 고귀한 그대 이름. 내 아내다. 세월이 흘러갈수록 고귀한 생명 나무인 나의 바오밥나무다.

들장미의 사랑

　신혼부부는 소담스러운 행복을 꿈꾼다. 매일 둘만의 공간 속에서 행복한 시간을 보내며 사랑을 꿈꾼다. 아름다운 미래를 꿈꾸는 참신한 관계가 신혼이다. 부부의 삶에서 이때만큼 행복했던 기억은 찾아보기 힘들었다. 애틋한 사랑의 절정기였으며, 여행이든 취미이든 둘만의 사랑을 나누며 추억을 만들어가는 시기였다.
　아내는 야생화를 좋아한다. 들장미와 들국화와 같은 꽃들이다. 들장미는 야생 장미로서, 많은 문학 작품과 예술 작품의 모티브가 되기도 했다. 그리스 신화에는 사랑의 여신 아프로디테와도 관련이 있었으며, 그녀가 아도니스의 죽음을 슬퍼할 때 흘린 눈물과 피가 섞여 들장미가 태어났다고 한다. 순결하고 자연적이며 사랑과 희생, 슬픔과 자유로운 독립을 상징한다. 들장미는 사랑을 의미한다.

가끔 아내에게 받은 이미지는 강인한 독립성과 함께, 진한 신앙적인 향기를 담고 있었다. 어릴 때의 성장 과정, 청년이 된 후 받았던 대학생 선교사 훈련, 그리고 삶에 대한 사랑과 헌신 등 야생적인 향기를 품고 있었다. 온실에서 자란 꽃들과는 달랐으며, 온라인상의 닉네임을 들장미라고 사용하기도 했다.

　신혼 때였다. 그때는 노래방이 대세였으며, 모임이 있거나 외식을 하면 가끔 길거리 노래방을 찾아갔다. 우리 부부는 서로 좋아하는 십팔 번이 있었으며, 함께 부르던 애창곡도 있었다. 물론 십팔 번과 애창곡은 다소 차이가 있어 보인다. 십팔 번은 노래를 부르기 쉽고 편해야 했는데, 애창곡은 유별나게 가사가 좋든지 멜로디가 좋든지 둘 중의 하나였다. 아내가 좋아했던 곡은 가수 들국화의 노래였으며, 나는 정태춘·박은옥 부부의 시적인 노래를 무척 좋아했다.

　우리 부부의 공통점은 둘 다 음치였다. 그래서 박자보다는 잔잔한 가사를 음미하며, 악보를 보고 노래를 따라 부르는 편이었다. 다른 분들과 노래방을 가면 흥을 돋우며, 마음껏 열창하는 쪽보다는 주로 듣고 박수

치는 편이었다. 애창곡은 인생관이 묻어난다. 아내는 다정다감하고 감미로운 사랑의 노래를 좋아했고, 나는 서정적이고 인생사를 담고 있는 가요를 선호했다.

애창곡에는 정서적인 취향이 담겨 있다. 젊어서 노래방이 한창 유행할 때, 신혼집 주변에 있던 불고기집에서 막걸리 한잔을 마시고 아내와 함께 길거리 노래방을 찾아갔다. 그때 아내가 불렀던 노래 중에는 "매일 그대와"라는 들국화의 노래가 있었고 아름다운 가사와 멜로디가 환상적이었다.

매일 그대와 아침햇살 받으며

매일 그대와 눈을 뜨고 파

매일 그대와 도란도란 둘이서

매일 그대와 애기 하고파

새벽비 내리는 거리도

저녁 노을 불타는 하늘도

우리를 둘러싼 모든 걸

같이 나누고파 하

매일 그대와

출처 | 들국화, "매일 그대와"의 가사에서 발췌

정감 있는 신혼부부의 생활상. 매일 둘 사이를 흐르는 포근한 사랑 속에서 모든 걸 나누고 싶었던 부부 관계의 출발지점이었다. 아침에 눈을 뜰 때부터, 밤늦은 저녁 시간까지 일거수일투족을 함께 나누고 싶은 신혼부부의 생활상이었다. 둘이서 함께 쌓아갈 수 있는 사랑을 전제로, 행복한 인생 서사시를 써 내려가는 게 신혼부부다. 서로의 성격과 생활방식을 차츰 알아가며, 도란도란 행복한 사랑 이야기를 쌓아가던 에너지 넘치던 시간이었다.

  창문을 통해 쏟아지는 아침 햇살을 받으며,
  부스스 눈을 뜨고 일어나자마자
  도란도란 사랑 이야기를 나누는 관계
  밤이면 팔베개를 하고 둘만의 공간 속에서

  애틋한 이야기를 주고받는
  젊은 부부의 행복한 사랑 이야기

불과 몇 년 전에, 보험업계에 종사하는 분이 내게 죽기 전에 가장 해보고 싶은 버킷리스트를 물어보았다. 그래서 나는 신혼부부의 달콤한 사랑 이야기를 글로 써보고 싶다고 말했었다. 갓 결혼한 초년생 신혼부부의 애틋한 사랑과 좌충우돌하는 삶의 이야기들, 진한 사랑의 향기를 담은 들장미와 둘이서 함께 주고받던 들국화의 사랑 이야기를 글로 한번 써보고 싶었기 때문이다. 갓 결혼한 신혼부부가 열정적으로 누렸던 사랑의 행복감은 말로 표현하기는 힘들다. 더욱이 젊음이 훌쩍 떠나가 버린 노년의 길목에 서 있는 부부에게, 신혼의 사랑은 엄청난 그리움을 낳는다.

사랑 수업

십여 년 전이었다. 여의도 공원으로 운동 갔다가 결혼을 두 번이나 했다가 이혼한 친구를 우연히 만났다. 잠시 시간도 남고 해서, 주변 카페에서 커피를 마셨던 기억이 난다. 그는 자신의 현실을 비관했는지, 마음속 이야기를 솔직하게 꺼내 놓았다. 짧지만 담백하고 슬픈 사랑 이야기였다.

"어떻게 하면 제대로 된 사랑을 해볼 수 있을까?"

그의 짧은 이야기 속에서 사랑의 애환을 감지했다. 사람들이 사랑을 원하는 것은 너무 당연했으며, 제대로 사랑하려면 사랑 수업을 받아야만 한다는 것이었다. 그 이유는 사랑하지 못하면 외로움을 느껴야 하며, 사랑 수업을 받지 않으면 제대로 사랑할 수 있겠는가였다. 이렇게 깨닫고 났더니, 사람끼리 사랑을 주고받는 일이 너무 자연스럽게 다가왔다. 남녀가 사랑을 나누지 못하는 현실이 무척 안쓰럽게 느껴졌다.

　나도 남녀 간의 사랑에 대해서는 잘 모르던 때가 있었다. 물론 지금도 사랑에 대해 잘 안다고 자부할 수는 없다. 하지만 남녀 간의 사랑을 깨닫기 위해 노력했던 소중한 기억은 남아 있었다. 약 30여 년간 내 삶을 기록해 놓은 메모용 수첩이었다. 일부는 이사하는 과정에서 분실했지만, 지금도 상당한 분량을 갖고 있는 보물단지였다.

　그날그날 사적 감정을 담아놓은 기록물이었다. 조선시대 왕들의 사생활은 조선왕조실록에서 세밀히 기록했다면, 나는 형식과 틀에 얽매이지 않은 메모용 수첩 속에 상당한 분량의 기록물을 남겨 놓았다. 언젠가 인생 이야기를 글로 쓸 때, 무척 필요할 것만 같아서 모아둔 메모용 수첩이었다. 오랫동안 쌓아놓았더니, 지적 재산 목록 1호가 되었다. 메모용 수첩에는 오래전에 써 놓았던 남녀 간의 사랑에 대한 반감적인 글이 적혀 있었다. 남녀 간의 진정한 사랑을 잘 몰랐던 감정들이 쓰여 있었다.

사랑이란 끓어오를 때는 한마음으로 합쳐지기 위해 뜨거운 화학반응을 일으키지만, 식어버릴 때는 냉기가 맴도는 한겨울 날씨와도 같다. 그래서 사랑은 이중적이며, 한순간의 감정 지대일 뿐이다.

출처 | 메모용 수첩 중에서

지금 생각해 보면, 왜 이렇게 일시적이고 부정적으로 느꼈을까. 남녀 간의 사랑에 대한 편파적인 인식이었다. 소중한 인연을 맺어야 하는 남녀관계를 이해하거나 용납하지를 못했다. 사랑을 전제로 힘든 일을 함께 이겨냈을 때, 남녀 간의 사랑은 아름다운 인생 꽃을 피워낸다. 사랑은 완벽하지는 않다. 오히려 불완전하다. 신혼의 삶에서도 실패를 거듭하고 어려운 시기를 겪어내며, 다시 고난의 행렬 속으로 뛰어들어야만 하는 게 남녀 간의 사랑이다. 서정적이거나 환상적이지는 않았다. 오히려 세월이 경과 할수록 사랑의 감정은 마모되어갔다. 하지만 진정한 사랑은 굴곡진 인생을 이겨내야만 피워낼 수 있는 인생 꽃이었다.

제 3 편
아내의 행복

누가 뭐래도,
그녀의 행복은 내 몫이다.

공동존재의 지혜

　사람들은 서로 유대감을 쌓는다. 사람들 사이에는 서먹서먹한 거리감이 있는가 하면, 아주 친밀한 관계의식이 있다. 친밀감은 서로 정을 나누는 아주 가까운 사이다. 거리상 멀리 떨어져 있어도 서로 영향력을 주고받는 관계, 함께라는 공동체 의식을 갖게 된다. 주로 다정다감한 부부들은 밤낮 소통하며, 한 몸의 공동체라는 공감의식 능력이 뛰어나다.
　이를 표현할 수 있는 것은 유대tie이고 감정과 마음을 나눈다. 유대는 단단한 감정과 느슨한 감정의 결합구조이다. 하이데거는 철학사상에서 인간관계를 공동존재로서 다루었으며, 인간은 다른 존재들과 상호작용하며 자신의 존재를 발견하였다. 다른 존재와의 관계에서 삶의 의미를 수용하는 것이다.
　다른 존재와의 공동체적 유대의식 중에서 가장 친

밀한 공동존재, 가장 우선순위의 인간관계는 부부다. 부부는 다른 가족들과 달리 촌수가 없다. 가족관계라도 촌수로서 친함의 정도를 말한다. 부부는 무촌 관계다. 이 말은 거리감으로 이야기할 수 없는 존재가 부부다. 하지만 아이러니하게도, 전혀 유대감을 찾아보기 힘든 형식적인 관계도 있다. 서로 가정을 이루고 살아도, 너는 너 나는 나라는 이기적인 생활방식에 익숙해져 있는 부부들이다.

이런 모습을 두고 부부일지라도 따로국밥이라는 표현을 쓴다.

함께라는 공동존재로서 섞일 수 없는 모습이기도 했다. 이런 점에서 공동존재로서의 삶을 위해서는 생활상의 이상징후 현상을 수시로 점검할 수 있어야만 한다. 그렇지 않으면 스스로 외로움을 극복할 수밖에 없는 한계상황까지 내몰릴 수가 있다. 이를테면 김광규 시인이 고백하고 있는 "나 홀로 집에"서와 같이, 한 집에서 함께 살고 있어도 홀로 외로운 현실을 맞이해야 한다. 짙은 고독감이다.

시인은 모두 떠난 집에 홀로 남아 있었으며, 그나마 밤하늘의 보름달을 비춰보며 혼자가 아니라고 자족했다. 인간관계에서 오는 외로움의 극한을 자연과의 교감으로 위로를 받았다. 일종의 자기 위로였다. 밖에서는 인기척이 전혀 나지를 않았는데, 밤하늘을 쳐다보며 보름달에게 위로를 받았다. 집에 홀로 남아 있던 외로움이었다.

> 무슨 기척이 있어
> 밖으로 눈을 돌리니
> 밤하늘에 높이 떠오른
> 보름달이 창 안을 들여다본다.
> 모두들 떠나가고
> 나 홀로 집에 남았지만
> 혼자는 아닌 셈이다.
>
> 출처 | 김광규, <하루 또 하루>, 문학과 지성사, 2011

    인간은 친밀감을 나누는 사회적 존재다. 부부도 공동존재로서 친밀감을 형성하고 있는 것은 매한가지다. 그렇지만 나는 부부 관계에서 공동존재로서의 친밀감 못지않게 중요한 것은 삶의 균형성이라고 보았다. 부부는 서로 깊은 유대감을 나누어야 하는 것은 물론이고, 부부의 삶 속에서 균형성을 유지할 수 있을 때 잘

사는 부부라고 말할 수가 있다. 삶의 균형성은 부부의 삶에서 필요한 여러 가지 요소들, 즉 일과 가족, 건강과 여가, 사회적 관계 등에서 조화를 이룬 삶의 상태다. 부부의 균형 잡힌 삶의 형태는 가정 내에서 스트레스를 줄이고 부부의 삶에 대한 행복과 만족도를 높여나갈 수가 있다.

최성애 교수는 부부의 삶 속에서 균형성을 잃어버리면 위험신호가 작동하기 때문에, 부부 사이에도 리모델링이 필요하다는 수정론을 제기했다. 수천 쌍의 부부를 관찰한 결과, 잘사는 부부가 누리는 생활 속의 균형성을 강조했다.

> 행복한 부부들은 네 가지 라이프 통장의 균형을 잘 이루고 사는 사람들이라는 뜻입니다. 물, 흙, 태양이 식물에게 필수 요건이지만 무조건 많을수록 좋은 게 아니듯 인생에 있어서도 재정, 건강, 도우미 통장의 출납이 균형을 이루어야지 한 가지만 너무 많거나, 너무 모으기만 하고 쓰지를 않는다거나, 반대로 오로지 받기만 하고 주지 않는다면 생활에 이상이 생깁니다.
>
> 출처 | 최성애, <부부 사이에도 리모델링이 필요하다>,
> 해냄, 2005

부부의 삶은 관계와 균형이라는 행복 키워드를 실천할 수 있어야 한다. 공동존재로서 부부의 길을 걸어가려면 친밀감이 넘치는 부부관계와 생활 속의 균형성을 잘 유지할 수 있어야 한다. 숱한 부부들이 이혼하는 진짜 이유이기도 했다. 경제적인 문제나 성격 문제를 내세우지만, 이들에겐 부부로서의 깊은 유대감과 삶의 균형성을 잃어버리고 있는 경우가 많았다. 부부로서 친밀한 관계성을 잃어버리면 심란한 외로움에 젖어들지만, 삶의 균형성을 잃어버리면 서로 비난하기 일쑤였다. 공동존재로서 부부의 삶에는 친밀한 관계성과 삶의 균형성을 유지할 수 있는 지혜가 필요하다.

사토라레의 능력

 아내의 생각과 감정을 어느 정도나 이해할까. 사회생활에서도 필요한 능력 중의 하나가 공감력이다. 상대방의 생각과 감정을 이해하는 일이다. 공감 능력은 인간관계를 이끌어가는 소통의 영역이며 신뢰에 기초한다. 부부 사이에서 공감 능력은 중요하다.
 만약 절대자가 내게 특별한 능력을 준다면 어떤 것을 받고 싶은가. 나는 사람들의 마음을 읽고 싶었다. 특히 아내의 생각과 감정 말이다.
 처음에는 그 마음을 들여다보기가 쉽지를 않았다. 둘이 같은 공간에서 생활하고 있어도, 수십 년을 함께 살아도 제대로 속마음을 알기는 힘들었다. 솔직히 마음이란 게 겉으로 잘 드러나지를 않으니, 좋은 관계로 발전하려면 상대방의 생각과 감정을 신중하게 읽어내는 노력이 필요했다.

부부 사이에도 깊이 이해하며 마음을 연결하려면 공감 능력이 요구된다. 그래야 아내의 생각과 감정을 인식하고 적절하게 반응할 수가 있다. 이게 뭐 어려울까 싶지만, 부부라도 정서적 교감을 나누는 일이 만만하지는 않다.

하지만 나는 너무 쉽게 속마음을 해체하곤 했다. 부부라는 관계 때문인지, 아내를 볼 때마다 경계심을 풀어 놓고 속마음을 꺼내 놓았다. 너무 쉽게 읽혀버렸다. 아내에게는 거짓말을 할 수도 없었고 생각과 감정을 들켜버리곤 했다. 왜 나만 그럴까라는 억울함도 느껴졌다.

일본 영화 속의 사토라레였다. 우리나라에서도 상영했던 영화다. 영화 홍보 포스터에는 거짓말을 할 수 없는 남자, "그의 마음은 생중계 중!"이라는 부제를 달아 놓았다. 주인공인 사토미는 사토라레라는 초능력을 갖고 있었는데, 어릴 때 비행기 사고로 부모님을 잃고 유일한 생존자로서 할머니와 단둘이 살았다. 어릴 때부터 고아로 자라났다. 할머니와 생활하던 중에 고열로 죽을 고비를 넘긴 사토미는 청년 외과 의사가 된 후 다른 사람들을 치료하고 싶었다. 국가에서 운영하던 사토라레 프로젝트의 연구원으로 들어갔다. 국가에서 관리하던 비밀 프로젝트였다. 할머니가 암에 걸렸다는 슬픈 소식을 접한 사토미는 그분을 구하려고 온갖 노력을 쏟아부었다.

하지만 할머니를 구할 수 없게 되자 그의 애절하고 슬픈 감정은 주변 사람들에게 울려 퍼졌다. 사람들은 사토미의 마음을 깊이 공감하며, 함께 울기도 하고 웃기도 했다.

매우 독특한 주제의 영화였다. 나는 부부 관계에 대해 사토미와 같이 자기 생각과 감정을 아낌없이 공유하는 친밀감, 또한 서로 영혼육이 온전히 열려 있는 개방적인 관계임을 강조했다. 폐쇄적이고 독립된 감정 상태가 아니라, 개방화된 공동존재로서 아낌없이 속마음을 나누는 열린 관계를 기대했다. 부부는 서로 마주 보고만 있어도, 속마음을 생중계할 수 있는 사토라레이기를 원했다.

다른 사람에게 자신의 목소리를 들리게 하는 것을 사토리라고 하는데, 이렇게 자신의 목소리를 다른 사람에게 들리게 하는 능력을 갖고 있는 사람을 사토라레라고 하더군요. 영화에서는 주인공인 남자 근처, 반경 1m안에 있는 사람에게 주인공의 마음의 소리, 또는 생각이 들린다고 하더군요.

출처 | "네이버 블로그"에서 발췌

    한동안 아내의 생각과 감정을 샅샅이 알고 싶었다. 유심히 그녀의 생각과 행동 성향을 관찰하기도 했다. 항상 긍정적인 생각과 감정을 갖고 끊임없이 노력하는 겉모습은 보기 좋았는데, 쉽게 속마음을 털어놓는 것을 볼 수가 없었다. 힘이 들어도 불평불만을 쏟아내지를 않았다.
    아내 곁에 머물러 있기만 해도, 쉽게 생각을 읽혀 버리던 것은 '나'였다. 매번 내 마음만 읽혀버리는 것 같아서 아내가 참 약았다는 생각을 품기도 했었다. 불리한 상황이 되면 입을 꾹 닫아버렸다.
    쉽게 마음을 열고 사랑을 나눌 수 있는 부부 관계라면 얼마나 좋았을까. 한동안 내가 품고 있던 불만 사항이었다. 그리고 꽤 오랜 시간이 흘러간 후에야 나보다도 나를 잘 알고 있는 사람, 자기 생각과 감정을 내게 맞추어 주고 있음을 알았다. 아내는 나를 신뢰하고 있었다. 나 또한 아내를 신뢰하게 되면서, 그녀의 특성을 더 많이 이해할 수가 있었다. 내성적이면서도 배려심이 강한 속마음을 들여다볼 수가 있었다.

함께 살다 보면 부부는 서로 마음을 들여다보는 초능력을 지닌 것도 아닌데, 독특한 사토라레의 능력을 갖는다. 서로 믿고 의지하는 마음을 품을 때, 배우자의 생각과 감정을 읽어낼 수 있는 공감 능력을 덧입는다. 그래서 부부는 믿음으로 사랑을 키워나갈 때, 서로의 삶을 깊이 공감할 수 있는 공동존재가 된다. 아마도 절대자께서 부부는 한 몸의 영성체라며 서로 신뢰할 때 마음과 생각을 읽어내는 깊은 교감신경을 허락했는가 보다.

부부는 서로 개방화된 관계다. 배우자를 깊이 신뢰할 때, 함께 울기도 하고 웃기도 하는 사토라레의 공감 능력을 발휘한다. 행복한 부부는 상대적으로 공감 능력이 뛰어나다. 이런 공감 능력은 배우자의 삶에 대한 폭넓은 생각과 감정을 이해할 수 있기에, 노력을 통해서라도 상대방의 생각과 감정을 이해하기 위한 신뢰감을 키워야만 한다.

애정 표현

　사랑을 표현하는 방법은 다양하다. 한번 사랑하면 평생을 일관되게 사랑만 할 것 같지만, 세월이 흘러가면 너무 쉽게 변한다. 사랑의 감정은 롤러코스터를 닮아서, 때론 올라갔다가 갑자기 떨어진다. 롤러코스터를 타듯이 급격한 감정변화가 일어나는 것도 남녀의 사랑이다.

　하지만 한결같은 사람들도 있다. 배우자를 자기의 분신처럼 아끼고 사랑하는 사람들이다. 이런 사람들은 사랑의 감정을 유지하려고 애정 표현을 체화하고 있다. 애정 표현은 "사랑해", "고마워", "잘했어"와 같은 언어적인 표현과 함께, 따듯한 포옹이나 키스와 같은 신체적인 접촉을 통해서 마음을 전달한다. 애정 표현은 개인의 성격과 문화적인 차이가 있지만, 솔직한 마음을 깊이 있게 연결하는 사랑의 요소다.

이외에도 어느 날 아무런 이유 없이 꽃을 사주던지, 함께 시간을 보내던지, 아내의 취미와 관심사를 지지하는 것도 애정 표현의 좋은 방법이다. 어떻게든 남편의 마음을 아내에게 제대로 전달할 것인가가 중요할 뿐이다.

부부 사이에도 사랑은 표현할 줄 알아야 한다. 하지만 남자든 여자든 사랑 표현이 서툰 사람들도 많았다. 그렇다고 묵묵히 사랑하는 마음을 품고 있다고 해서, 배우자에게 사랑하는 마음이 전달되는 것은 아니다. 서로 표현하고 나눌 줄 아는 법을 배워야 한다. 순간순간 애틋하게 사랑을 표현하는 법을 알아야 행복한 가정을 이루어낸다. 그렇지 않으면 서로 약점을 붙잡고 빈번하게 싸운다. 가벼운 농담에서 시작한 갈등은 온갖 인신공격까지 서슴지 않는 것도 부부 관계다. 함께 사는 동안 누가 더 잘못했느냐, 또는 잘했느냐를 놓고 실랑이를 벌이기도 한다.

사실 부부싸움은 사소한 갈등이 빚어낸 시시콜콜한 감정싸움이다. 그래서 부부싸움은 칼로 물 베기라고 했다. 하지만 부부싸움의 한 가지 특징은 직감과 감정에 의해 영향을 받았다. 부부의 애정 표현은 사라지고, 모든 상황과 행동을 이성적으로 통제하지 못하고 감정에 얽매이는 경우였다. 상대방의 약점을 붙잡고 무시하거나 깔보는 행동이었다. 이런 모습에 대해 김화중 교수는 부부의 행복 바이블과도 같은 통찰력을 제시했다. 부부의 행복을 위해서는 '빈번한 애정 표현'을 강조했다. 그중에서도 배우자를 애틋하게 여기는 애정 표현이 중요하게 다가왔으며, 마음 깊이 새겨 둘 만 한 조언이었다.

> 부부는 서로의 건강을 위해서라도 애정 표현이 많을수록 좋다. 밝은 인상으로 남편의 기분을 좋게 해준다. 따뜻한 몸짓으로 아내를 아늑하게 해준다. 적절한 인내로 상대의 고통을 나눈다. 유머 감각을 기르고 멋진 외모를 가꾼다. 배려하는 언행을 익히며 참아줄 줄도 안다.
> 출처 | 김화중, <행복한 부부 만들기>, ㈜고려원북스, 2004

행복한 가정을 위해 부부의 애정 표현은 많을수록 좋다고 했다. 애정 표현은 밝은 인상, 적절한 인내, 유머 감각, 멋진 외모, 그리고 배려하는 대화를 강조한다. 이런 모습은 부부간의 친밀감을 쌓아가는 남편의 멋진 행동이다. 그 결과는 부부의 유대감을 쌓아가며, 서로 친밀감을 높여가는 좋은 방법이었다.

역시 아내의 행복은 따듯한 애정 표현을 갖춘 남편의 긍정적인 태도다. 남편은 아내의 삶을 주의 깊게 헤아리며, 함께 행복한 생애를 만들어가는 일에 최선을 다해야 한다. 이런 점에서 부부의 사랑은 행복의 꽃이라면, 애정 표현은 행복의 꽃을 피워내기 위한 원재료이다. 사소한 일로 아내의 감정을 압박하는 것보다 빈번하게 애정을 나눌 줄 아는 남자가 멋진 남편이다. 부부는 지나칠 만큼 애정 표현을 통해 사랑의 유대감을 계속해서 쌓아가야만 한다.

행복도 측정

결혼 후 아내의 행복감은 어느 정도일까. 불안감이 밀려왔다. 아내에게 잘한 일이 많다면 크게 걱정을 하지 않았을 텐데, 여기저기 구멍 난 남편의 허물진 모습뿐이었다. 한때 국가 차원에서도 국민의 행복지수happy index를 다룬 적이 있었다. 삶의 만족도와 주관적인 행복감을 측정했다. 이때 사용한 행복도의 측정기준은 경제적인 부, 사회적인 안정성, 건강 상태, 교육수준, 정치적 자유 등 다양한 요인을 포함했다.

국가와 지역을 대상으로 행복지수를 평가한 후, 행복지수가 낮은 부문을 지속적인 노력을 통해 개선할 것을 권고했다. 그렇다면 가정에서 아내의 행복도는 어떻게 측정할 수 있을까였다. 아내의 행복도는 부부생활을 통해서 누렸던 기쁨과 만족감의 상태일 것이다. 행복한 부부는 경제적인 부와 가정의 안정성, 가족 구성원의 건강 상태, 가사 일의 분담, 그리고 발언권 등이 영향력을 미칠 것만 같았다. 가정 내에서도 아내의 삶의 질을 측정하는 것은 중요할 듯싶었다.

결혼 후, 몇 년이 지난 어느 날이었다. 나와 함께 산 아내의 행복도가 궁금했다. 그러나 무턱대고 "나랑 사는 동안 자기는 얼마나 행복했어?"라고 물어볼 자신감은 없었다. 나만 그런 것은 아닐 것이다. 남편들은 아내의 입에서 함께 산 세월이 무척 행복했다는 말을 듣고 싶어 한다. 아내의 행복은 남편의 자존심과도 깊은 관계가 있는 삶의 무게감이기 때문이다.

다시금 아내와의 삶을 돌아보았더니, 좋았던 기억보다는 나쁜 기억부터 샘솟았다. 나를 만나고 평생을 함께 산 아내를 서운하게 했던 기억들만 춤을 추었다. 딸아이를 낳는데도 내가 주관했던 회식이 있어서 곁에 있지를 못했던 일, 힘들게 가사 노동하는 데 옆에서 딴 짓하며 놀았던 일, 아내가 여행을 가고 싶어 했는데 못 가게 했던 일 등등, 할 말이 없었다. 결국 아내의 희생적인 삶에 대한 미안함이 떠올랐다. 그래서 내가 생각해 낸 것은 오지선다형이었다. 이런 식으로 가볍게 질문해 보았다.

Q 잠시 인생 테스트가 있겠습니다. 당신은 결혼 후 얼마나 행복한 삶을 살았습니까?

① 말할 수 없을 만큼 행복했다.
② 많이 행복했다.
③ 조금 행복했다.
④ 꽤 불행했다.
⑤ 말하나 마나 무척 불행했다.

내 질문이 썩 마음에 들지 않았는지, 아무런 대답도 없었다. 그래서 나는 아내에게 많이 행복했음이나 조금 행복했음은 되냐고 다시 물어보았다. 그 순간에도 아내는 빙그레 웃는 표정으로 나를 쳐다보았다. 아내의 행복 수준은 남편의 역할과도 직결된다는 것을 알면서도, 아내의 행복을 위해 헌신했던 나의 모습은 좋은 평가를 받지 못했다.

가장 마음에 걸렸던 일도 떠올랐다. 약 팔 년 전에 서울에서 직장을 내려놓고 지방의 중소도시로 이주할 때였다. 주변 사람들은 한창 대접받고 일할 나이에 직업을 내려놓는다며 반쯤 미친놈으로 취급했다. 그때에는 제2의 인생을 살고 싶었다. 글을 쓰는 작가의 삶을 동경했으며, 언젠가는 반드시 좋은 책을 쓸 수 있을 것이란 기대감을 품고 있었다. 낯선 도시에서 글쓰기 학원을 열고 아이들을 가르치며 글을 써서 먹고사는 작가의 길을 결심했다. 작가의 길을 걷기 위해 서울 동작구 효사정의 한강 다리 불빛을 뒤로하고 지방의 중소도시로 옮겨 왔다.

이때부터 집 밖에는 거의 나가질 않고 글쟁이의 삶을 이어갔다. 언제 끝날지도 모를 종점이 없는 지루하고 장기전과도 같았던 작가의 길, 스스로 운명을 바꾼 대가는 혹독했다. 서울에서 이동할 때, 나는 건강 상태도 좋지를 못했다. 종합병원 수준의 고혈압과 고지혈, 당뇨, 위장병, 비염, 안면 마비, 백내장, 탈모, 호르몬 감소 등 건강상의 한계를 경험했다.

나는 경제활동 영역에서 배제되었다. 너무 슬픈 인내의 시간이었다. 새벽에 눈을 뜨면 밤늦은 시간까지 글 쓰는 작업에만 몰두했다. 집에서 나뒹굴고 있는 초라하고 볼품없는 남편, 나 대신 먹고사는 생계 현장에는 아내가 서 있었다. 아내는 공인중개사무소를 열고 최전방의 영업 전선에서 생계를 이어가고 있었다. 여름 장마비가 요란하게 쏟아지는 날, 집에서 글을 쓰고 있던 나를 데리러 왔다. 그리고 함께 시내 음식점으로 향하던 차 안에서 공인중개사의 생계 현장에 대한 어려움을 쏟아냈다.

성원공인중개사

그녀는 내 아내입니다
몇 개월째 땀을 흘리며 발걸음을 팔아도
소나기 쏟아지던 차 안에서는
거친 하소연을 흙탕물과 같이 쏟아냈습니다.

약아 빠진 사람들은 눈으로 홈쇼핑만 하지
제때 매매하지 않는다며
집 소개하고
땅 파는 한스러움을 쏟아냈습니다.

월 셋방 전세방 매매 아파트
기껏 물 주고 거름 주며 키워 놓으면
전혀 아랑곳하지 않고 자기 입속으로

날름 삼켜버리던 홈쇼핑 동종업자들

얼굴빛이 보드랍고 얇은 내 아내는
얼굴이 두툼해야 겨우 살아남는다며
생계형 이기심이 깃든 화장발로
뽀얀 얼굴빛을 감출 때마다
곁에 앉아 있던 내 마음에도
흙탕물이 흠뻑 쏟아졌습니다.

그녀는 내 아내입니다.

왜 그렇게 아내가 애처롭게만 보였을까. 나는 아무런 말 없이 창가를 두드리던 소나기를 묵묵히 바라보고 있을 뿐이었다. 내 주변에는 작가의 길을 걷고 싶은 후배들이 있다. 그들이 내게 작가의 삶을 물으면, 나는 깊이 생각해 보고 정년퇴직 후에 매진할 것을 권고한다. 아직 거친 광야와도 같은 작가의 길을 무턱대고 걸어가지 않기를 바라는 마음이다.

가정의 생계를 돌보는 것은 남편의 책무다. 오랫동안 경제활동과는 거리감을 두었으니, 사회생활에서도 커다란 구멍이 생긴 것만 같았다. 시간이 흘러갈수록 출판한 저서들은 쌓여갔지만, 여전히 생계형 작가의 길을 걷고 있는 것은 변함이 없다. 밤낮 원고지 위에서 좋은 글을 써 내려가고 싶은데, 언제까지 묵묵히 이 길을 걸어갈 수 있을지를 장담하는 것은 힘들다.

　내 아내는 얼마나 행복했을까. 여전히 자신감은 없다. 하지만 아내의 행복은 단순한 감정 상태가 아니라, 지속적인 남편의 노력과 실천을 통해서 만들어지는 것이다. 아내의 행복을 찾아주고 싶은 마음은 늘 마음 한 구석을 무겁게 짓누른다.

심장 위에 새긴 이름

 인간의 몸에서 매우 중요한 신체 기관은 심장이다. 혈액을 순환시키고 산소와 영양분을 공급하며 생명을 관장한다. 삶과 죽음을 구별하는 것은 심장박동 소리를 들으며 확인한다. 인체의 중심역할을 수행하는 곳이다. 나의 생명과도 같은 곳, 그곳에 새겨놓을 수 있는 이름은 많지를 않았다.
 몇 년간은 아내를 믿고 글을 썼다. 내가 할 수 있는 일은 글 쓰는 것밖에는 재주도 능력도 없었다. 글을 쓰면서 잠시 아내와의 추억을 회상하면 북한강에도, 강화도에도, 제부도에도 흔적들은 쌓여 있었다. 지금이야 명목상 함께 공인중개사 사무실로 출근했지, 줄곧 뒤꽁무니에서 무작정 글만 썼다.
 노후는 글을 써서 먹고사는 글쟁이의 삶이 자리를 잡고 있었다. 돈 버는 일보다 밤낮 글 쓰는 것에만 빠져 있는 남편, 경제적인 책임감이 전혀 없고 답답하게 보일 만도 했다.

    글쟁이의 삶은 경제활동과는 거리감이 컸다. 먹고사는 일보다는 멋진 문장 하나를 만들어내는 일에 더 큰 관심을 두었다. 하여튼 몇 년간 대중적인 글 쓰는 일에서 실패를 거듭했더니, 자신감은 바닥까지 떨어지고 경제활동 능력을 상실한 뻔뻔한 남편이 되었다. 작가라는 자존감 때문이지, 다른 사람들과 어울리는 것도 귀찮을 때가 많았다. 내가 걸어가는 길 위의 방해물처럼 느껴졌다. 그래서 나는 몸이 좋지 않다는 것을 핑계로, 여기저기 사회 활동과는 담을 쌓으려고 했다.

    하지만 아내에게는 눈 뜨는 순간부터 밤늦게 잠들 때까지 미안할 뿐이었다. 크게 문학적인 재능이 없음을 알았으니, 글쟁이의 생애는 뼈 아픈 파편들이 가슴에 박히는 미련스러움을 감당해야만 한다. 하루에도 몇 번씩 무능한 경제활동 능력으로 작가의 꿈을 포기하고 싶을 때도 있었다. 오직 생계유지를 위해 먹고사는 일에 얽매여 있는 아내, 그 모습을 볼 때면 자기 위로의 말을 입버릇처럼 늘어놓기도 했다.

"그래, 인생이라는 게 뭐 별나겠어,
부부가 함께 있는 것만으로도 행복한 거야!"

뻔뻔한 자기 위로였다. 한동안 글 쓰는 일을 놓고도 계속할 것인지, 중도 포기할 것인지 심란한 갈등에 빠지기도 했다. 경제활동을 포기하고 책만 쓰려는 남편의 고집, 아내에게 좋게 보일 리가 없었다. 아내는 곁에서 다독거리며 이해를 구하면 될 것 같은데, 성인이 된 딸들은 더욱 신경 쓰이기도 했다. 내 뜻대로 되지를 않았다. 글쟁이의 삶은 말 그대로 미련스러운 아빠의 아집일 수가 있었다.

아내에게 미안함이 들 때마다 나는 <응답하라 1988>에서 정봉이와 만옥이의 정감 넘치던 사랑 이야기를 떠올렸다. 두 사람은 동네 파리바케트에서 미팅하던 중에 사랑이 싹텄고, 첫눈에 상대방에게 반했다. 풋풋하고 질긴 청바지를 닮은 사랑, 쉽게 찢겨 지지 않는 사랑, 고래 심줄 같아서 모든 장애물을 뛰어넘은 끈질긴 사랑의 찬가이기도 했다. 아무리 주변에서 물리적인 힘을 가해도, 두 사람을 갈라놓을 수 없는 애절한 사랑 이야기였다.

만옥이는 부모님의 극심한 반대로 정봉이랑 헤어져 프랑스 파리로 유학을 떠났다. 두 사람은 헤어질 수밖에 없었다. 하지만 힘든 난관을 뚫고 간절한 사랑을 끈질기게 이어갔다. 정봉이는 전혀 답신이 없어도 만옥이에게 곱게 마음을 담아서 수백 통의 연애편지를 보냈다. 매 순간 만옥이가 자신에게 얼마나 소중한 존재인가를 되새겼다.

만옥씨 혹시 이거 아시나요?
비엔나는 오스트리아의 수도지만,
만옥씨는 내 심장의 수도인 것을.....,
출처 | tvN, <응답하라 1988>에서 발췌

단순하고 코믹한 것 같아도, 정봉이의 고백은 심장을 두근거리게 만들었다. 달콤하고 끈질긴 사랑을 할 줄 아는 남자가 정봉이었다. 그 마음이 부럽기도 했다. 사춘기를 갓 지난 만옥이에게 내 심장의 수도라는데, 그 이상의 사랑 고백은 사치였다. 몇십 년을 함께 산 부부 사이라도, 이보다 더 큰 영향력 있는 사랑 고백은 없을 것만 같았다. 내 마음의 수도, 그 의미는 심장 위에 새겨놓은 이름이기도 했다. 내 삶의 생명력이었다. 만옥이는 정봉이의 사랑을 확인했으며, 무장 해제가 되어 정봉이를 평생 단짝으로 받아들였다.

사랑이란 자기 심장 위에 만옥이라는 이름을 뚜렷이 새겨놓는 일이다. 부부는 힘든 인생길을 함께 걸어가며, 영원히 지워지지 않는 배우자의 이름을 심장 위에 새겨놓은 운명적인 관계다. 글쟁이 남편의 뻔뻔한 자기 위로이기도 했다.

제 4 편
무화無禍의 부부

부부의 삶 주변에는
무성하게 암각화들이 피어있다.

암각화의 꽃

　행복의 꽃은 하루아침에 피어나지를 않는다. 비바람을 맞아가며, 온갖 인내의 과정을 걸쳐서 꽃송이들로 피어났다. 꽃송이를 피우는 과정 속에는 꽃샘추위의 봄도, 푹푹 찌는 한여름도, 천둥 번개가 몰아치던 가을도, 눈보라가 몰아치던 한겨울도 녹아 있었다. 단지 눈에는 보이지 않을 뿐이다. 길가에 피어난 들꽃 속에는 힘들었던 날과 좋았던 날들이 감추어져 있음을 함께 보아야 한다.

　그래야만 활짝 핀 꽃송이의 진정한 아름다움을 발견할 수가 있다. 부부의 삶도 같은 이치였다. 겉으로 드러나지를 않아도, 오랫동안 함께 걸어왔던 부부의 일생을 들여다보아야지만, 부부의 삶이 갖는 행복의 가치를 알 수가 있는 것이다. 내가 부부의 진실된 모습을 이해했던 것은 외출했다가 아파트 입구를 들어설 때였다. 일흔은 넘어 보이던 노부부가 두 손을 꼭 잡고 외출하는 뒷모습을 바라보았다. 나이를 먹고도 다정스럽게 걸어가는 노부부의 모습에는 내가 알지 못하는 암각화된 부부의 일생이 마주 잡은 손과 손을 통해 흘러가고 있을 것이란 생각이 들었다.

잠시 나는 과거의 어느 시점으로 다시 돌아가 있었다. 한창 열정과 꿈을 품고 사랑했던 젊음의 시점, 대학 캠퍼스 쪽문을 빠져나오면 소나무들이 듬성듬성 서 있던 작은 동산에 누워 별을 보고 있을 때였다. 나이를 먹을수록 과거를 회상하면 그 순간이 떠오르곤 했다. 연애 시절, 지금의 아내를 집까지 바래다주고 돌아올 때였다.

쪽문으로 출입하던 대학가의 입구였다. 대학을 졸업하고도 대학생 선교사 훈련을 받고 있던 아내, 며칠 전 다시 만났던 그녀와 두 손을 꼭잡고 대학 건너편 뒷골목에서 데이트하고 돌아오던 길이었다. 지금의 아내는 그 당시 선교사 훈련을 받고 있었고 나는 군대를 제대하고 대학으로 돌아온 복돌이 대학생이었다. 갑자기 하숙집으로 돌아가던 길목에서 밤별들이 발목을 붙잡

앉으며, 그곳 동산에 누워 한참 별을 구경했다. 밤하늘을 비추던 밝은 별들 사이로, 초롱초롱한 사랑의 별빛이 마음속을 파고들었다.

   사랑하면 인간의 감정은 흥겨움에 휩싸인다. 온통 별빛에 물든 마음, 내 마음속에는 사랑이라는 별빛이 곱게 스며들고 있었다. 우연처럼 다가온 그녀와의 만남, 사랑의 끈을 붙잡고 부부의 인연을 맺었다. 하지만 나이를 먹을수록 신혼 때와는 달리 감정 기복은 사라진다. 갑자기 화를 내거나 신경질을 부리는 것도 줄어든다. 대신 애틋함은 더욱 많아진다. 세월 속에는 절절히 애정이 녹아들었으며, 감정 노선은 젊었을 때와는 달리 무척 평온해진다.

   부부 사이에도 감정변화는 일어난다. 오랫동안 함께 살아왔다는 것만으로 불평도 투정도 사라진 평온함이 꽃을 피운다. 세상적인 기대감은 사라지고, 온화하고 평온한 행복을 꿈꾸는 일들이 훨씬 많아졌다. 노년으로 가는 길목에는 온화함을 잃지 않고 소소한 행복을 함께 즐기려는 마음이 녹아든다. 얼핏 보면 삶을 달관한 것 같지만, 그 속에는 수만 가지의 기쁨과 슬픔이 교차하며 만들어 낸 인생 연주곡이 녹아 흐른다. 이런 생각들이 자리 잡는다.

"서로에게 너무 익숙해진 만큼,
잔뜩 뿔이나 있던 성격도 세월 속에서 풍화된 것이라고."

그렇다. 오랜 풍화작용으로 세월 속에서 암각화가 된 무화無禍의 꽃들이 주변에 무성하게 피어있었다. 부부의 세월 속에는 풍화의 시간이 찾아들었다. 함께 인생사를 겪어낸 부부, 말 그대로 긴 세월 속에 녹아 있는 삶의 이야기는 산해진미山海珍味였다. 눈에 보이지는 않아도 세월 속에서 암각화된 부부의 비밀을 누가 알았겠는가.

수만 가지의 인생사가 빚어낸 우여곡절의 부부 이야기이다. 매년 5월 21일을 부부의 날로 정해놓고 기념하는 것도 같은 이유일 것이다. 부부의 인생사는 수만 가지 이야기로 감추어져 있기 때문이다. 누가 뭐래도, 두 손을 마주 잡고 걸어가는 부부의 삶은 사랑과 행복의 행진곡이어야 한다. 리 앤 라임즈의 오직 사랑으로 엮인 부부 말이다.

이런 부부가 되게 하소서

사랑을 줄줄 알고
사랑을 받을 줄 아는
부부 되게 하소서

더도 말고 덜도 말고, 부부의 인생 이야기는 오직 사랑으로 엮인 연인 관계이면 좋겠다. 서로 사랑을 주고받으며, 행복의 꽃을 피워내는 인생 여정 말이다. 노년으로 가는 길목, 부부는 서로 사랑할 줄도 알고 받을 줄도 아는 행복의 샘이 솟아나야 한다.

주는 사랑 받는 행복

　사랑할 때 행복감을 느낀다. 이 말은 배우자를 관심과 사랑으로 보살피는 것이다. 그래서 받는 것보다 주는 것이 사랑이고 행복이다. 부부의 사랑과 행복은 함께 오고 가는 감정의 공감이며 삶 속의 리듬감이어야 한다. 그럴려면 배우자에게 사랑과 애정을 표현할 수 있는 공감 능력을 갖추고 있어야만 한다. 그렇지 않으면 사랑한다는 말 한마디를 제대로 드러내지 못하고 무뚝뚝하게 속만 태우기도 했다.
　이런 표현들은 배우자를 인정하는 말, 따듯한 말 한마디, 약속을 지키는 일 등 생활 속에서 삶의 리듬감처럼 이루어져야 한다. 하지만 사랑하고 있어도, 생각과 감정을 드러내지 못하는 사람들도 있다. 그저 옆에 머무는 것만으로, 둘이 함께 산다는 것만으로 사랑하고 있음을 말한다. 내 부모님과 같은 분들이었다. 중매결혼을 통해 평생을 함께 사셨지만, 두 분 사이의 애틋한 감정 표현을 전혀 볼 수가 없었다. 이런 모습들은 내게도 영향력을 끼쳤다. 사랑하는 사이여도 남녀 간의 애정 표현은 다른 사람들이 보지 않는 곳에서 남몰래 다독이는 것으로만 알았다.

그렇지만 요즘 젊은 세대들은 확실히 달랐다. 주변 사람들을 신경 쓰지 않고 사랑하는 감정을 자신감 있게 나누었다. 젊은 세대의 사랑 표현은 자신감 있는 공감대 형성이기도 했다. 하지만 사랑하고 있어도, 상대방의 생각과 감정은 다를 수가 있다.

부부 사이라도 마찬가지다. 다소 어색하게 들릴 수 있겠지만 사랑해도 행복해도 싸우는 게 부부다. 부부는 사랑하고 있어도 심란한 감정 대립이 일어나기도 했다. 그 원인은 사소한 생각의 부딪침이나 감정 대립에서 시작해서 예기치 못한 갈등상황을 증폭시켰다. 처음에는 사소했지만 심각한 감정 대립까지 이어지기도 했다. 행복한 현실을 부인하고 자기감정만을 앞세우기도 했다.

그래서 나는 단순해도 부부의 유형을 구별해 보았다. 내 눈에 비친 부부의 유형은 행복한 부부와 불행한 부부, 그리고 무미건조한 부부였다. 어떤 범주의 부부로서 살아가고 있는가를 깨닫는 것은 중요하다. 행복한 부부는 함께 생활하며 감사와 기쁨과 만족감을 누리지만, 불행한 부부는 자신감이 낮고 부부의 인연을 불운으로 돌리기도 했다. 스스로 불행한 인연이라며 비관적이었다.

그렇지만 무미건조한 부부도 있다. 배우자에 대해 무관심하거나 무감정주의와도 같은 행동을 취했다. 함께 생활해도 말 한마디 나누지 않는 격리된 경계인 부부였다. 일체감보다는 각방을 쓰고 거리감을 둔 경계의식을 드러냈다. 감정이 없는 듯한 부부의 유형이기도 했다. 부부는 함께 생각과 감정을 나누며 삶의 공감대를 형성해야 하는데, 무미건조한 부부는 마치 배우자를 유령으로 취급하는 것과도 같았다.

"어떤 부부가 행복한 것일까?"

행복한 부부, 그렇다. 사랑과 존중을 토대로 깊이 연결된 공감 능력을 나눌 줄 아는 관계다. 서로 감정적으로 깊이 연결되어 있다. 작고 사소한 노력들이 모여 큰 행복을 찾아갈 수 있는 관계 중심의 부부들이다. 절대 배우자의 감정을 소홀히 취급하지 않는다. 이를테면 회사에서 안 좋은 일을 겪은 남편의 경우, 집에 와서도 화가 난 표정으로 침묵을 유지하는 사례였다. 이런 상황이 빈번해지면, 아내는 남편이 가정생활에 대해 불만족을 품고 있는 것으로 이해했다. 이럴 때 남편은 아내에게 "나, 지금 회사에서 안 좋은 일이 있어 기분이 별로야."라고 말했다면, 아내는 남편의 마음을 충분히 배려했을 것이다. 남편의 직장 생활에 대해 아내들은 속사정을 잘 모를 때가 많다.

가정 내에서는 솔직한 감정을 나누어야 한다. 그래야 배우자도 나를 배려하고 이해한다. 나는 행복한 부부의 현실이 궁금해서 인터넷과 통계 자료를 찾아보았다. 처음에는 행복한 부부의 통계 수치를 검색했는데, 어디에도 이에 대한 자세한 통계 수치를 찾아볼 수는 없었다.

하지만 인터넷에는 행복한 부부의 체험적인 이야기들이 차고 넘쳤다. 가장 관심을 끈 것은 "부부는 고행자의 삶이 아니라 여행자의 삶"이라는 관점이기도 했다. 힘든 고행의 과정이 아니라, 즐겁고 들뜬 마음으로 새로운 인생사를 여행하는 것과 같은 삶의 이야기였다. 고난의 시간보다는 여행자의 시선에서 부부의 삶에 대한 묘미를 발견했다.

한마디로 행복한 부부는 삶의 시야를 넓힐 수 있어야 한다. 그래야 부부의 삶에 대한 냉소적인 시각에서 벗어날 수가 있다. 무뚝뚝하고 냉소적인 부부가 아니라, 긍정적이고 행복주의에 기반을 둔 부부의 사랑관을 실천할 수가 있다. 이는 숀 T. 스미스가 인용했던 아르바모바의 주장에서도 발견할 수가 있었다.

> 행복한 사람들은 일반적으로 시야가 더 넓어서 세상을 보다 포괄적으로 바라볼 수 있으며, 반면 슬픔에 빠진 사람들보다 세세한 사항에 치중하고 분석적인 사고방식을 보인다.
>
> 출처 | 숀 T. 스미스, <불안한 뇌와 웃으면서 친구하는 법>, 최호영 옮김, 불광출판사, 2013

부부는 행복주의 사랑관을 품고 있어야, 훨씬 포괄적이고 분석적인 사고방식을 발휘했다. 오히려 감정보다는 이성적인 시각을 활용할 수가 있다. 남편은 아내를, 아내는 남편을 긍정적인 마음으로 바라볼 때 훨씬 더 깊이 있는 사고를 통해서 행복한 부부의 삶을 이해할 수가 있다.

 우리 부부의 삶에서도 행복한 금실은 서로 감정선을 터치하는 것보다 합리적인 행동에서 얻을 때가 있었다. 부부의 행복은 배우자의 감정 상태를 배제할 수는 없지만, 감정보다는 이성적인 시선에서 보아야만 할 때가 있었다. 아내가 겪고 있는 현실 문제에 대해서도 커다란 도움이 되어야만 했다. 예를 들어 아이들의 학교문제, 이사문제, 직업선택의 문제 등 합리적으로 해결해야만 할 일들이 생각보다 많았다. 그래야 서로 믿고 의지하며 남편은 아내의 삶을, 아내는 남편의 삶을 더욱 배려할 수가 있다. 부부의 사랑과 행복은 나만을 위한 소유물은 절대 아니다. 함께 주고받는 친밀감 속에서 꽃피워야만 할 인생 자산이다.

이 의자에서 저 의자로

　가정 내에서 부부의 역할은 다르다. 남자와 여자라는 성별 차이가 있지만, 가정을 가꾸는 일에서도 확실한 차이를 보인다. 가정을 위하는 마음은 남편보다는 아내 중심이다. 부부는 가정이라는 삶의 테두리를 공유하고 지원하는 파트너다.
　대부분 가정에서도 아내와 남편은 각자의 고민을 껴안고 산다. 이런 고민은 외적인 일도 있지만, 가정적인 일도 포함된다. 주로 가정 내에서의 고민거리는 재정 관리, 가사 분담, 자녀 양육과 같은 일들이다.
　함께 친밀감을 나누며 살아도, 가정 내의 역할은 분명한 차이가 있다. 아내는 아내대로, 남편은 남편대로 삶에 대한 애환이 있다. 누구든 성품 차이는 있어도 걱정거리는 있다. 부부라도 가정 내에서 고유한 역할이 있기 때문이다.

그래서 배우자의 어려움을 이해해야 한다. 남녀의 성적 차별성을 내세우고 남편과 아내의 고유한 역할처럼 몰아가면 안 된다. 과거의 전유물과 같은 편협한 생각이다. 아내는 남편의 자리로, 남편은 아내의 자리로 가끔 옮겨가야 한다. 그래야 조금씩 배우자가 갖는 어려움을 깨닫는다.

갓 결혼했을 때, 아내와 나는 각자의 경계영역을 구별해 놓았었다. 여자가 할 일, 또는 남자가 할 일이었다. 가정이라는 삶의 공동체를 가꾼다는 생각보다는 남녀의 역할론에 비중을 두기도 했다. 주로 경제적 지원과 가정의 안전성은 내 몫이었고, 가사관리와 자녀양육은 아내의 몫이었다.

어릴 때부터 시골 할머니에게 들었던 "남자 놈은 부뚜막에 들어오면 안 된다."는 잔상이 남아 있었다. 무척이나 구시대적인 가정관이었다. 고등학교 졸업 후부터 줄곧 자취생활을 경험했던 나는, 입맛은 둔해도 라면과 짜파게티, 소면은 아내보다도 잘 끓였다.

가정은 둘이 한 몸으로 어울려 부부의 삶과 자녀를 양육하는 곳이다. 함께 알콩달콩 살아가는 안식처이다. 뭘 그렇게까지 가혹할 만큼 남녀의 역할을 경계 지을만한 곳은 아니다. 행복한 가정을 꾸리기 위한 경제적 지원, 가정의 안전성, 가사관리, 자녀 양육 등 부부가 함께 신경 써야만 할 가정의 테두리다.

맞는 말이다. 가정은 부족한 모습도 함께 나누는 곳이다. 가족 구성원이 함께 살아가는 융합적인 삶의 안식처다. 이것이 가정의 요점이다.

나는 가정에 대한 이해를 넓히고자, 잠시 사전에서 함께 산다는 의미를 찾아보았다. 그랬더니, '서로 더불어', 또는 '한꺼번에 같이한다.'는 어원적인 의미를 담고 있었다. 그래서 두 가지 의미를 다시 하나로 합쳐 보았더니, 그 의미는 '서로 더불어 한꺼번에 일을 같이하며 산다.'는 양자합일兩者合一의 공동체적인 속성을 지녔다.

가족 구성원의 행복공동체는 가정이다. 행복한 가정을 세우려면 부부가 함께 노력해야 한다. 최선을 다하는 일이다. 좋은 가정을 만들어가기 위해 각자의 몫만큼 헌신하는 불가분의 공동체다. 이 의미를 확장해 보면 신혼부부에서 중년부부로, 또다시 노년부부로 늙어가야 한다. 어쩔 수 없이 부부가 맞이해야만 할 삶의 경로이며, 가정 내에서 부부의 역할은 충분히 바뀔 수가 있다.

이런 변화의 과정을 생각하면, 부부는 단지 함께 산다는 형식적인 관계만으로 이해하는 것은 커다란 오류를 낳을 수도 있다. 단지 결혼 서약만으로 아름다운 부부가 되는 게 아니다. 내가 곁에서 지켜본 부부들은 숱한 인생이야기를 공유했다. 하지만 사람들은 연애할 때만큼 부부생활이 정겹지 않다며 때늦게 후회하고 돌아서기도 했다. 별거나 이혼이라는 뼈아픈 흔적을 남겼다.

과거의 연애 감정, 또는 처음 만났을 때의 호기심이 반쯤 풀릴 때면 둘 사이에는 사랑도 정도 모두 식어버렸다며 후회했다. 이런 모습과는 달리, 시간이 흘러가도 부부 관계의 참된 의미를 되새기며 함께 살아가는 사람들도 있었다. 이제니 시인의 "공원의 두이"와 같이 두 개의 의자 사이를 오고 가며, 서로 덧입혀진 삶의 모습을 노래하는 부부들이다.

인생이란 결국 두 개의 의자 사이를 왔다갔다하는 일. 이 의자에서 저 의자로, 저 의자에서 이 의자로. 네 목소리 위에 내 목소리를, 내 목소리 위에 네 목소리를 덧입혀 보는 일.

출처 | 이제니, <아마도 아프리카>, 창비, 2010

부부가 앉아 있던 자리에는 인생이 녹아 있었다. 비밀의 서랍과도 같은 호기심으로 가득 찬 얼굴, 또는 라일락이 돋아난 생기 있는 얼굴로 공원 벤치에 앉아 있었다. 호기심을 품고 따듯하게 서로를 바라보던 부부의 얼굴이 겹쳐 보였다.

두 사람이 함께 바라보던 공원의 풍경, 부부의 미소는 두 개의 의자 사이를 왔다갔다하던 일 속에 담겨 있었다. 바로 이 지점이다. 부부의 행복은 내 자리에서 아내의 자리로, 다시 아내의 자리에서 내 자리로 옮겨갔던 중첩된 삶 속에 녹아 있었다.

이렇게 살다 보면 인생이란 게 뭐가 남는 게 있나 싶다가도, 나를 보며 살포시 웃고 있는 호기심 많고 생기 있는 아내의 얼굴을 바라보면 행복감에 젖어 든다. 묵묵히 서로의 삶 속으로 녹아든 풍화된 미소가 저절로 피어난다.

부부는 서로 닮는다. 남편이든 아내든 얼굴 위에는 부부의 일생이 곱게 담겨 있다. 부부는 각자의 역할보다는 가정이라는 행복의 꽃을 피워내는 삶의 그루터기다. 남편은 아내의 자리에, 아내는 남편의 자리에 앉아서 서로의 삶을 배려할 수 있어야만 한다. 가정은 부부의 공통분모가 녹아든 오아시스와도 같은 곳이다. 때론 아내의 자리로, 때론 남편의 자리로 옮겨가야 가정 공동체에서 행복의 꽃을 아름답게 피워낼 수가 있다.

붙여쓰기 부부

　언어에도 규칙이 있다. 독립적으로 존재하는 것보다 공백없이 한 몸이었을 때, 더욱 빛나는 것이 있다. 의미를 정확하게 전달하려는 단어와 단어의 특별한 조합 관계이다. 두 단어가 직접적인 관계를 갖는 합성어이다. 둘이 합쳐서 새로운 뜻을 갖게 된다. 하지만 다른 성분과의 융합 관계를 갖지 못하고 홀로 사용하는 독립어도 있다.
　이런 점에서, 합성어는 부부를 닮았다. 둘이 한 몸을 이루고 있어야 더욱 빛난다. 부부 관계가 한 몸이라는 것과 같은 이유일지도 모른다. 부부라는 것도 한자로 풀어보면 지아비 부夫와 며느리 부婦의 합성어이다. 남자와 여자를 합쳐 놓은 말이 부부인데, 결혼한 한 쌍의 아리따운 남녀를 말한다. 남자와 여자를 뜻하는 두 단어가 합하여 공동체를 이룬 부부 관계를 의미한다.

이를 두고 부서^{附書}라고도 한다.

   한글 문법 체계를 보면, 단어와 단어의 사용형태에는 띄어쓰기와 붙여쓰기가 있다. 단어의 조합방식이다. 그만큼 글을 쓸 때는 띄어쓰기와 붙여쓰기가 중요하다. 띄어쓰기는 단어와 단어를 분리해서 사용하는 이원론적인 성향이라면, 붙여쓰기는 단어와 단어를 합쳐서 의미를 확장하는 일원론적인 성향이다. 쉽게 말하면 서로 합하여 한 몸으로 쓸 것인지, 아니면 거리를 두고 따로 구별해서 쓸 것인지에 대한 구조적인 단어의 조합 관계이다. 띄어쓰기는 개별 단어 중심, 또는 독립된 언어사용 형태다. 너는 너, 나는 나라는 방식의 독립적인 성향을 강조한다. 이런 점에서 부서는 단어의 관계론적인 특성을 갖고 있기도 하다.

   부부 관계도 마찬가지다. 남자와 여자라는 개별 속성을 강조해서 띄어쓰기의 관계로 볼 것인지, 남녀가 서로 융합한 가정이라는 관계 중심의 공동체로 볼 것인지의 관점이었다. 띄어쓰기와 같이 남자와 여자의 개별 특성을 인정하는 것을 나쁘게 볼 수는 없을지 몰라도, 남녀가 결혼해서 가정을 꾸리는 것은 단일화된 결합방식의 공동체가 된다는 점이다. 이런 점에서 부부 관계는 한 몸의 공동체인 부서附書다.

이를 입증하는 또 다른 표현은 동심일체同心一體다. 따로국밥과 같이 이원론적 개체가 아니라, 부부는 마음과 몸도 서로 분리할 수 없는 일원론적인 융합물이다. 마음과 몸이 하나로 합쳐진 상태, 둘이 하나라는 일체감 속에서 운명처럼 엮어진 관계라는 것이다.

더 이상 긴말은 필요하지 않을지도 모른다. 그렇다. 다만 내가 주목한 것은 숱한 세월 속에서 피고 지던 다양한 인생사를 통해서만이 행복 더미를 피워내는 게 부부라는 것이다. 둘이서 가정이라는 테두리를 이루어가는 게 중요한 것은 아니다. 부서와도 같이 한 몸의 공동체가 되었을 때, 세월 속에서도 행복한 가정이라는 새로운 삶의 의미를 만들어낸다.

행복의 출처

　부부의 행복은 어디에서 올까. 오랜 세월, 인간의 행복 탐구는 복잡한 듯했다. 철학자 플라톤은 '행복은 성품에 따라 결정되는 것'이라고 말했으며, 스토아학파는 '마음의 동요를 제거하는 것'이라고 했다. 하버드 대학의 연구에선 '인간관계와 사회적 지지'라고 밝혔다. 이런 점들만 놓고 보아도, 행복의 특성은 쉽게 간파할 수가 있었다. 나를 둘러싼 내외부의 다양한 특성들이 중요하게 작동한다.
　하지만 2019년 <한국인의 행복과 삶의 질 실태조사>에서는 좋은 배우자와 행복한 가정을 꼽았다.
　그렇지만 내가 오랜 세월 속에서 얻은 것은 마음이었다. 사람들은 행복의 근원을 주로 물질이나 외부적인 조건에서 찾는다. 여러 가지 조건을 충족할 때, 자기 감정이 좋아지면 삶이 행복하다며 생각했다.

자기감정에 얽매여 있는 행복은 그리 오래가지를 못했다. 감정적인 욕구가 충족되었을 때 행복한 것만 같아도, 이내 돌아서면 불행의 그림자가 덮쳐 왔다. 행복감을 오랫동안 유지하기는 힘들었다.

   그래서 나는 기분과 같이 일시적인 즐거움보다는 좋은 기운을 갖는 것을 훨씬 선호했다. 잠시 행복했다가 다시 불행해지면, 삶에 대한 만족감은 더욱 비참해지는 것을 감지할 수가 있었다. 감정 기복이 심한 상태보다는 평온한 내면 상태를 유지하는 것, 주변적인 것보다는 내면의 기쁨을 잘 관리하는 것을 행복의 비결로 보았다. 행복은 마음의 문제였다.

   나는 어릴 때, 무척 가난했었다. 아버지의 사업실패로 셋방살이를 전전긍긍했고, 밥때가 되면 끼니를 걱정하며 가족들과 함께 성장했다. 너무 가난하니까, 조금 넉넉할 때와는 달리 빚쟁이들이 찾아오지를 않아서 좋았다. 훗날, 내가 커서는 돈을 많이 벌어서 남부럽지 않게 살아야만 하겠다며 다짐하기도 했다. 가난이 주는 압박감은 너무 싫었지만, 작은 상황 변화에도 마음은 훨씬 너그러울 수가 있었다.

이런 모습을 기억했을 때, 내가 깨달았던 행복의 비법은 외적 환경보다는 내적 기운에서 찾을 것을 강조한다. 한순간의 감정적인 기쁨보다는 평온함을 유지할 수 있는 내적 기운이 중요하다.
　말 그대로 부부의 행복도 그렇다. 남녀 간의 사랑도 일시적인 기분보다는 친밀한 감정을 나누어야 하는 현실적인 고민이 필요하다. 물론 사람들에 따라서는 행복의 근원이 똑같냐고 반문할 수도 있다. 한결같이 마음속 기운에 집중하는 사람이 있는가 하면, 자기 욕구 충족을 위한 일시적인 감정에 중점을 둔 사람들이 있다. 전자는 종교인들이 누리는 행복한 마음에서, 후자는 치열하게 세상을 살아가는 사람들에게 보여지기도 했다.

　나는 각박한 현실에 대해 아내와 농담처럼 대화를 나눈 일이 있었다. 그녀와의 대화 내용은 돈에 대한 질문이었다. 짤막한 순간이었지만, 함께 이야기를 나눈 후 사람들이 쫓아가는 행복의 출처는 다르다는 것을 다시금 실감했다. 조건과 상황에 따라 사람들이 추구하는 행복의 근원이 달랐다. 행복의 근원은 마음에서 찾는 모습과 조건에서 찾는 모습이었다.

"나: 자기는 내가 좋아, 돈이 더 좋아?"

"아내: 돈이 더 좋아요."

잠시 머뭇거렸지만, 할 말이 없었다. 그리고 한동안 서운함을 감추기 힘들었는지, 돈밖에 모르는 사람이라며 핀잔을 쏟아내기도 했다. 자본주의 사회에서 돈이 행복의 절대조건인가에 대해 깊은 생각에 잠겨야만 했다. 사람들은 흔히 '돈이면 다 되는 세상'이라고 말한다. 돈이면 행복도, 생명도 살 수 있는 현실사회의 속성을 주장한다.

하지만 이런 말을 듣고 있으면, 사람보다 돈을 더 중시하는 것만 같아서 무척 서운한 감정이 들었다. 물론 그럴 수도 있다. 사람마다 행복의 출처가 다르기 때문이다. 행복은 내적 감정 상태와 외적 조건을 모두 충족할 때, 가장 이상적일 수도 있다. 이런 주장은 조너선 헤이트가 쓴 <행복의 가설>에서도 드러났다.

행복은 안에서 온다.
그리고 행복은 밖에서도 온다.

> 우리 안에 있는 것은 나의 성격이며,
> 우리 밖에 있는 것은
> 사랑과 일과 같은 삶의 의미다.
>
> 출처 | 우문식, <긍정심리학의 행복>, 물푸레, 2012

　부부의 행복은 어디에서 올까. 우리 삶의 안팎에서 온다. 내면의 기쁨을 충족하는 것도, 외적인 조건을 충족하는 것도 행복한 삶을 누리려면 필요한 일이다. 외적인 조건을 충족한다고 해서 행복한 것만은 아니며, 또한 내면적인 기쁨이 가득 찼다고 해서 반드시 행복한 것만은 아니다. 부부가 행복하려면 내면의 마음 상태도, 경제적인 조건도 함께 충족할 수 있는 삶의 균형성이 중요하다.

　하지만 좀 더 비중을 둔다면 경제적인 것보다는 마음 관리를 강조하고 싶다.

　부부의 행복은 마음이 앞서기를 바란다. 부부가 함께 살다 보면, 예기치 못한 경제적인 어려움에 직면할 때도 있다. 이럴 때, 부부의 행복조건을 외적인 것에서 찾으면 쉽게 헤어질 수밖에 없는 한계상황을 맞이한다. 행복의 최우선 조건은 돈보다는 마음 관리에서 찾는다면, 부부의 삶이 어려운 시간을 통과할 때 서로 믿고 의지하며 그 과정을 지혜롭게 통과할 수가 있다.
　부부의 행복은 사랑하는 마음의 근원과 경제적 조건을 충족하는 삶의 균형성에서 찾아야만 한다.

행복 고백서

　행복의 조건은 부부의 애정이다. 신세대와 같이, 행복조건을 경제적인 것과 속궁합에서 찾는 경향도 크다. 블로그 브런치 스토리에서 부부의 행복에 대한 색다른 이야기를 보았다. 11년 차 된 부부가 밝힌 행복의 조건이었다. 부부의 행복은 정신적인 멘탈이 강할수록 사랑도 잘하고, 결혼생활에도 긍정적인 영향력을 미친다는 견해였다. 혼자서도 행복한 사람, 이미 결혼 전에 자기 행복을 찾은 사람이 행복한 결혼생활을 잘 이어갈 수 있음을 말했다.
　나는 이 글을 읽고 행복의 조건에 대해 두 가지 사실을 생각했다. 부부가 행복하려면 강한 멘탈과 긍정적인 생각을 품어야 하며, 또한 행복에 대해 끊임없이 배워야만 한다는 점이었다. 행복도 배워야만 한다. 누구나 알다시피 배워야 써먹을 수 있다는 행복 학습관이었다. 결혼 후의 내 소망은 행복 과다증이었다. 아내와 함께 둘만의 행복을 마음껏 추구하는 것은 부부의 당연한 권리라고 여겼다. 결혼 후 행복한 가정을 가꾸는 것, 두 사람이 최고조의 결혼생활을 누리는 것은 신혼부부의 특권이라고 생각했다.

하지만 부부의 시간은 얼마 지나지 않아서, 매 순간 환상적인 부부의 삶을 꿈꾸는 것은 행복 이상주의라는 것을 깨달아야만 했다.

누구나 행복에 대해 잘 아는 것 같지만, 대부분 이상주의 행복관에 빠져 있다. 사실 행복에 대해 잘 모른다. 나도 결혼 후 부부의 행복을 상상하고 꿈꾸었지, 어떻게 부부의 행복을 실천할 것인가에 대해서는 문외한이었다. 부부의 행복을 깊이 생각해 본 적도, 배운 적도 없었으니 행복한 결혼생활은 마음으로 꿈꿀 뿐이었다. 아내와 충돌하면서, 차츰 하나씩 부부의 행복을 배워 나갔다. 부부의 행복을 위한 노력과 실천도 거의 없었다. 내가 할 수 있을 만큼 아내에게 잘해주는 것, 슬프게 하지 않는 것, 외롭게 하지 않는 것 정도면 충분한 결혼생활이지 않을까를 고민했다.

그저 상상만으로 그려 본 부부의 행복이었다는 것,

내 안에는 현실 생활에서 벗어난 부부의 행복을 동경하는 정도였다. 손에 잡히지도 않는 이상향의 행복을 쫓아갔다. 단지 결혼생활이 조금 지났을 때는 현실 생활의 무게감에 짓눌려서 부부의 행복을 잊고 살았다. 아내와 둘이 감당해야 할 묵직한 삶의 무게감을 껴안고 있었다. 이런 문제로 아내와는 빈번하게 다투는 일들이 많아졌다.

결혼 전에 꿈꾸었던 행복 과다증은 이내 사라지고 없었다. 단편적이고 반복된 결혼생활이었다. 많은 부부들은 나와 비슷한 처지였을 것이다. 그럴 수밖에 없었을 것이다. 기껏해야 외식과 여행, 아이들과 놀아주는 일이 전부였을 것이다. 이상향의 부부 행복을 꿈꾸는 것보다 내면 깊이 가득 차 있던 욕망을 줄여나가는 게 현명했다. 이런 생각의 저변에는 영국의 시인 존 키츠John Keats의 영향력이 컸다.

그의 주장처럼 부부의 갈등 원인을 줄여나가는 게 올바른 선택이었다. 주로 부부의 욕망은 막대한 재산 축적, 가족관계 속의 헌신, 지배 욕구의 충족, 이상적인 가정생활의 기대감 등 부부 갈등의 원인이 되기도 했다. 오히려 행복이라고 잘못 믿었던 것들이 부부 갈등의 원인으로 작용했다.

하지만 이런 것뿐만이 아니었다. 더욱 큰 문제는 부부 사이의 냉소적인 말투와 태도가 부부 갈등의 시발점이 될 때도 있었다. 우리 부부의 갈등 발화지점은 상대방을 비꼬는 듯한 말투와 태도였다. 사소한 감정싸움이 마음을 불편하게 만들었으며, 불난 집에 부채질하듯이 심각한 갈등상황으로 진화했다. 이상적인 결혼생활과 비교해서, 마음 깊이 감추고 있던 불평불만을 쏟아낼 때도 있었다.

배우자와의 부부싸움은 말투와 태도에서 크게 영향력을 받는다. 주로 마음에서 밖으로 드러나는 것이 말투와 태도다. 배우자에 대한 평상시 생각을 반영하고 있는 게 말투와 태도라서 무척이나 조심스러운 부분이다. 부부 사이에도 사소하고 성가신 말투에서 작은 불꽃이 일어나고 불이 붙으면, 걷잡을 수 없을 만큼 치솟아 올랐다.

그래서 행복한 부부는 자신의 말투와 태도부터 가꾸어야 한다. 아무리 많이 배운 지식인이라고 해도, 말투와 태도 문제로 이혼하기도 했다. 이렇게 어긋난 생각과 말투를 잘 다스려야만 한다는 것은 애나 메리 로

버트슨 모지스 할머니에게 배웠다. 그분은 1860년에 워싱턴 카운티의 시골 농장에서 태어났다. 너무 가난해서 정상적인 학교 교육을 못 받았지만, 세상을 떠나기 직전인 101세까지 1,600여 점의 따뜻한 미술작품을 문화유산으로 남겼다.

    우리나라에도 그분의 생애를 담은 <인생에서 너무 늦은 때란 없습니다>라는 자서전을 수오서재에서 발간했다. 그분의 간증과도 같은 삶의 고백에서 부부의 행복론을 발견했다. 그 순간에 신기할 만큼 환호했다. 모지스 할머니의 인생 고백에서 몇 마디 말을 첨부했는데, 부부의 행복 고백서가 완성될 정도였다. 부부의 일생에서 행복이란 현재 내게 주어진 것들을 얼마나 감사하고 만족하며 살아가느냐에 중점을 두었다. 행복은 배우자와 함께, 스스로 노력해서 만들어 가야만 하는 현재진행형의 삶이었다.

    부부의 행복 고백서

    나는 당신과 함께 행복했고, 만족했으며,
    당신과 함께 했던 삶보다

더 좋은 삶을 알지 못합니다.
당신과 함께 했던 삶이 내게 준 것들로
나는 최고의 삶을 만들었어요.
결국 행복이란 우리 스스로 만드는 것이니까요.
언제나 그래왔고, 또 언제까지나 그럴 겁니다.

_{출처 | 김장기, <인생은 성공보다는 행복플러스>에서 인용}

지금보다 더 행복한 인생은 없을 것이라는 배우자의 고백. 부부 사이에선 늘 듣고 싶은 말이기도 했다. 모지스 할머니는 척박한 가정환경에서도 충분히 행복한 삶을 살아냈는데, 그 원동력은 남편의 소중함, 자신과 함께 살아온 세월에 대한 감사함, 삶이 자신에게 준 것들에 대한 만족감, 스스로 행복을 만들어 가야만 한다는 책임감, 그리고 오랫동안 행복을 유지하고 싶은 기대감이었다.

부부의 행복한 결혼생활에서 중요한 지점은 배우자를 냉소적으로 대하거나 불평불만을 쏟아내지 말라는 것이다. 배우자를 향한 긍정적이고 만족스러운 생각과 태도, 대화와 말투를 통해서도 최선을 다해야만 한다. 지금이라도 행복해지려면 내 생각과 감정, 태도와 말투를 바꾸는 법부터 배워야 한다. 부부의 행복은 행운과 같은 것은 아니다. 배우고 실천해야만 한다.

제 5 편
공회전의 시간

깊이 사랑하고 있어도
감정 싸움은 불가피하다.

위기의 다크서클

　부부 사이에도 생각과 감정이 변한다. 결혼 전에는 좋게 보였던 남편의 행동들이 결혼 후에는 스트레스가 되기도 한다. 연애 때는 긍정적인 모습이었는데, 어느 날부터 성가시게 비추어졌다. 눈에 거슬리는 행동이었다. 이럴 때마다 이런저런 안 좋은 행동들을 고칠 것을 주문했다. 사사건건 트집을 잡으면 갖가지 스트레스가 작동하고, 눈가에는 혈관이 확장된 암갈색의 다크서클을 남겼다. 가정생활 자체가 온갖 스트레스의 원인이 되기도 했다.
　연인에서 부부가 되면 많은 것들이 바뀐다. 결혼 전에는 자유분방한 생활 스타일이었어도, 남녀가 함께 살면 사소한 충돌지점이 생겨난다. 연애할 때는 서로 그리운 감정들이 남아돌았는데, 결혼 후에는 배우자의 성향을 충족시켜 주는 일도 성가시게 느껴졌다. 나의 습관적인 생각과 행동들이 아내에게 주던 거부감, 또는 눈꼴 사나운 모습으로 드러날 때였다.

사뭇 거부감이 들던 순간이었다. 아직도 운전할 때 집중하지 못하고 딸들과 떠드는 행동, 냉장고에서 물병을 꺼내고 그대로 물을 마시는 행동, 교회에서 예배를 드릴 때마다 꾸벅꾸벅 조는 행동, 그리고 명절 때 처가에 사다 줄 선물을 고르는 행동이었다. 지금도 아내는 채근 거린다.

왜, 부부는 애틋한 감정을 품고 있어도 서로 다툴까. 서로 성장하면서 붙박이처럼 관념화된 생각과 감정의 차이다. 결혼하면 독립된 생활에서 가족 공동체를 형성한다. 서로 다른 생활방식에서 체화된 습관이나 행동의 차이를 드러냈다. 둘이 하나의 가정을 이루었지만, 또 다른 형제들과의 가족관계를 형성하기도 했다. 가족 네트워크다. 조금이라도 양가의 가족관계를 소홀히 하면 걷잡을 수 없을 만큼 심리적인 갈등지점을 생성한다. 주로 다툼의 발화지점이다.

"휴~왜 가족관계에 대해 예민하게 반응할까?"

공허한 한숨 소리만 집안을 가득 채울 때가 있었다. 가족관계는 내적인 것보다 외적인 행사들 때문에 삐걱거렸다. 부부가 정서적 고통을 가장 많이 겪는 일 중의 하나가 가족 행사였다. 가족 행사를 성가신 일처럼 취급하면 배우자의 기억 속에서 지워지지 않는 마음속 상처를 남긴다. 처신을 잘못하면 마주 보는 것조차 싫을 만큼 트라우마의 대상이 되기도 했다.

적절히 가족 행사를 대응하지 못하면, 심란한 분란의 씨앗이 될 수가 있다. 아내보다도 가족관계가 원인이 되어 이혼 도장을 찍는 사람들도 있었다. 내 주변에도, 결혼 후 가족 모임을 갔다 온 후에 곧바로 헤어진 사람도 있었다. 처가댁 가족 모임에서 자신을 보던 시선이 좋지 않았으며, 한동안 고민에 빠져 있는 듯했다. 처가 모임에서 자신을 불한당 취급하는 듯한 행동이 너무 보기 싫었다는 것이다.

둘 사이에는 너무 힘든 속앓이 때문이었는지 눈가에는 암갈색의 다크서클이 크게 자리를 잡았다. 며칠째 스트레스와 피로가 쌓이고 슬픈 감정을 제대로 통제하지를 못했다. 어떻게 가족이라는 사람들이 그 모양이냐며 거친 울분을 토해냈다. 계속해서 부부 관계를 이어갈 자신이 없다며, 서둘러 부부의 인연을 포기했다. 오죽하면 저럴까 하는 생각도 했지만, 가슴은 먹먹함을 감출 수가 없었다. 이런 괴로움에 대해 세르주 헤페즈와 다니엘 로페르는 <위기의 부부 심리학 결혼의 적들>에서 부부의 위기 현상을 신랄하게 지적했다. 이렇게 말이다.

> 괴로움을 느낀다는 것은 조화로운 생활의 흐름에 균열이 가기 시작했다는 신호이다. 그리고 위기는 낡은 균형상태를 다시 조정하는 기회가 된다. 위기는 비정상적이거나 병적인 상태가 아니며 최악의 재앙을 피하는 기회이기도 하다. 위기는 행복한 순간에 갑자기 찾아와 부부 관계를 다시 정의하고 서로에 대해, 또 각자에 대해 다시 생각하도록 도와준다.
>
> 출처 | 세르주 헤페즈 & 다니엘 포페르 지음, <결혼의 적들>,
> 조정훈 옮김, 마고북스, 2004

조화로운 부부의 생활에 균열을 일으키는 것은 외부에도 있다. 자칫 방심하면, 삶의 재앙을 불러올 수가 있다. 적절히 극복하고 이겨내면 다시금 행복을 찾아갈 수 있지만, 잘못 처신하면 최악의 순간을 맞이할 수

밖에 없었다. 부부생활의 괴로움은 금이 가고 있다는 증거다. 서로 믿음이 붕괴하고 행복을 꿈꾸었던 미래의 청사진이 소멸하고 있다는 신호다. 위기다. 그래도 최악의 상황이 아니고 병적인 상태가 아니라면, 정상적인 부부의 사랑을 회복할 기회를 적극적으로 찾으라고 말하고 싶다.

　나는 연애 시절과는 달리, 어떤 형태의 부부 갈등이든 그 원인은 사랑의 결핍 현상으로 인식한다. 배우자를 바라보는 생각과 감정이 어그러진 이유다. 이렇듯이 불합리한 상황 앞에서도 정상적인 부부 관계를 회복할 수가 있어야 한다. 결혼한 부부는 연애 때와는 달리, 가족들과도 공감 능력을 갖추어야 한다. 때론 살다 보면 배우자에 대한 정서적인 불안, 인지적인 불만족, 기대감의 상실 등에서 불편한 상황을 맞이할 수가 있다. 때때로 정상적인 선순환의 부부 관계와 사랑을 회복해야 한다. 항상 좋은 관계만은 아니라는 점이다.

　행복은 일시적인 감정이 아닌 지속적인 긍정 정서이며 개인의 감정과 주관적 관점을 넘어 개인과 공동체의 성공까지 아우르는 광의의 개념이다. 마음만 편하고 즐겁다고 행복의 전부가 아니라는 것이다.

출처 | 우문식, <행복은 만드는 것이다>, 물푸레, 2019

부부의 행복은 주관적인 감정 상태를 넘어 광의의 공감 능력을 갖추어야 한다. 행복은 긍정적인 마음을 품고 아내와의 관계에서도, 가족들과의 관계에서도 상대적인 생각과 행동을 수용할 수 있어야 한다. 그저 내 마음만 편하다고 내 생각만 옳다고 행동하면, 나에 대한 배우자의 기대감은 극단적인 상실감으로 추락할 수가 있다. 아주 사소한 것들이 불씨가 되고 걷잡을 수 없을 만큼 활활 타오를 수가 있다. 부부는 생각하는 법도, 행동하는 법도 주어진 현실 상황에 따라 다르다.

사랑의 변곡점

　사랑해도 흔들린다. 부부라도 관계의 방향이 바뀌는 시점이 온다. 변화의 시기다. 수학에서 말하는 곡선의 기울기와 같은 사랑의 변곡점이다. 이런 시기는 자녀를 낳았을 때, 또는 정신적이고 신체적인 변화가 급격하게 찾아올 때였다. 인생 전환기다. 처음 사랑할 때는 강한 끌림과 설렘의 시기였고, 서로 알아가는 과정에서 급격한 감정변화와 함께 긴장감이 맴돌았다. 열정적인 애정기였다. 하지만 결혼한 후에는 열정과 긴장감은 사라지고, 감정변화는 안정적으로 바뀌었다. 서로 익숙해지고 깊이 있는 감정들이 자리를 잡는다.
　어디 한결같은 열정을 유지하는 부부가 있겠는가. 목적지를 찾아가는 배와 같이 세월 속을 항해하는 것이 삶이다. 때론 비바람을 맞아가며 흔들거리는 항해가 인생이다. 예상했던 것보다 거친 폭풍우가 둘 사이를 무참히 휘몰아칠 때도 있다. 아무리 사랑의 감정을 뿌리 깊이 내리고 있어도, 예기치 못한 상황 때문에 세차게 흔들리는 위기의 순간이 찾아온다. 그런 탓인지, 부부의 항해가 너무 힘들다며 황혼 이혼이나 졸혼을 선택하기도 했다. 그 이유는 간단했다.

"불행하게 사는 것보다
둘 중의 하나라도 행복하자며."

힘든 과정 속에선 단점이 드러나고 실망과 갈등이 이어지기도 한다. 죽는 날까지 부부 관계를 지속할 것인지를 놓고 고민에 휩싸인다. 힘겨운 삶 속에서 희망을 잃지 않는 게 부부다. 하지만 과거보다 훨씬 부유해졌어도 둘 사이의 관계는 신뢰감을 잃어버리기도 쉬웠다. 서로 감정을 조율하고 관계를 재조정하는 과정을 무시한 것이다. 사랑의 변곡점에서 부부 관계를 재조정하지 않으면, 사랑은 빈곤 상태에 머무른다. 나이를 먹고 각방을 쓰는 부부의 모습이 여기에 해당한다.
　이런 세월 속의 변곡점을 갱년기라고 말한다. 정신적이고 신체적인 변화를 체험하는 시기다. 갱년기에는 우울증을 앓고 있는 사람들도 많았다. 젊은 시절의 당찬 용기는 사라지고 쓸쓸한 호흡 소리만 허공을 맴돌 때가 찾아온 것이다. 젊을 때는 장윤정의 "사랑밖에 난 몰라"라는 몰입된 사랑 노래를 불렀다면, 오랜 세월이 흘러가면 박인환의 "세월이 가면"과 같이 삶의 애환이 담긴 시적인 노래를 부르기도 했다. 한때는 사랑하는 사람이 내 곁에 있는 것만으로도 충만했는데, 지난날의 애틋함을 가슴에 묻고 회상하면 서러움이 밀물처럼 몰려올 때도 있다. 이런 시기를 단정해서 갱년기라고 말한다.

> 사랑은 가도 옛날은 남는 것
> 여름날의 호수가 가을의 공원
>
> 그 벤치 위에 나뭇잎은 떨어지고
> 나뭇잎은 흙이 되고
> 나뭇잎에 덮여서
> 우리들 사랑이 사라진다 해도
>
> 지금 그 사람 이름은 잊었지만
> 그의 눈동자 입술은

내 가슴에 있어

출처 | 박인환, "세월이 가면" 가사 중에서 일부 발췌

어쩌면 부부의 삶이 이렇다. 사랑은 가고 아련한 추억만 남는다. 오랜 세월 감정을 다독이던 시간들은 가슴에만 남아 있었다. 부부의 삶은 원거리에서 보면 군데군데 변곡점이 남아 있다. 그나마 다행인 것은 오랜 세월 원근법적인 사랑의 멜로디에 익숙해지면, 마치 풍화작용으로 달관의 경지에 오른 관조적인 사랑을 깨닫는다. 열정적인 감정보다는 깊이 있는 관계 중심의 부부로 변한다. 서로 익숙해진 만큼 풍화된 사랑의 흔적을 부둥켜안고 살아가는 것이다. 젊어서 열정적이었던 부부의 사랑에서 벗어나, 삶의 애환 속에서도 깊이 녹아 있는 사랑을 찾아가는 것. 그래서 부부의 사랑은 변곡조의 노래와도 같다. 부부의 사랑은 애정 중심에서 관계 중심으로 변한 것이다. 부부의 시간은 젊은 날의 열정에서 중년의 따듯함으로, 또다시 노년의 아련함으로 바뀌는 변곡점이 있다.

소용돌이

　신세대의 결혼관은 우리 때와는 다르다. 결혼은 정신적, 경제적 삶의 공동체로서 부부 관계를 보는 게 아니다. 자신들의 실익이 우선이고, 생활비는 함께 분담하되 나머지는 각자 관리하는 것이 경제활동의 원칙이라고 한다. 결혼해도 너는 너, 나는 나라는 부부의 생활관이 지배한다. 함께 살다가 이해관계가 뒤틀리면 쿨cool하게 헤어졌다. 부모세대와는 달리 신세대는 부부 사이에도 손익계산을 따지는 것이 요즘 결혼관이다.
　반드시 결혼해야 하는 것보다 독신이나 동거, 비혼주의를 당당하게 받아들인다. 결혼보다는 경제적인 안정이 우선이며, 사랑보다는 현실적인 준비를 중요하게 여긴다. 취업난, 집값 상승 등 결혼보다는 자기 생계를 유지하는 일에 관심이 더 많고, 결혼 후에는 가사와 육아 분담, 경제적 기여 등에서 동등한 파트너십을 주장한다. 이런 식이다.

"자기야, 생활비 통장은 매달 공동으로 분담하고 그 외에는 각자 관리하는 것으로 하자. 대신 생활비 통장은 개별적으로 지출하지 않기로 약속해"

갓 결혼한 젊은 세대의 경제적인 독립선언이다. 그런 까닭인지, 요즘 TV 드라마는 배신이 화젯거리다. 연인이든 부부이든 불륜을 소재로 한 배신이 대세다. 배우자를 믿었는데, 그 결과는 비참했다. 불륜으로 결혼생활 자체가 거센 소용돌이에 휩싸인 부부, 하루빨리 부부 관계를 매듭짓고 응어리진 복수극을 펼치고 싶은 듯했다.

한때는 평생 짝꿍을 만났다며 백년해로百年偕老를 꿈꾸었을 수도 있다. 영원히 둘만의 사랑은 변치 말자고. 행복한 결혼생활에 대한 자신감도 넘쳐났다. 그러나 잠시 헛된 맹세일 뿐이었다. 흔히 볼 수 있는 막장드라마는 불륜을 빌미로 한 이혼이 대세다. 사회 통계에서도 이를 입증했는데, 평생 부부로 사는 게 힘들었는지 50대 이후의 황혼 이혼은 증가 추세다. 매년 이혼 건수는 대략 9만 3천 건 정도인데, 이는 결혼 후 두 쌍 중의 한 쌍은 헤어졌다. 그래서 탄생한 현대판 신조어는 솔로로 전향한 돌싱이다. 돌싱과 재혼을 위한 결혼 중매 앱도 요란스럽다.

결혼정보회사에서 발표한 이혼 사유 가운데 빈도수가 가장 높은 것은 배우자의 유책 사유였다. 배우자의 불륜은 엄청난 스트레스였다. 자기 인생만 중요한 게 아니라, 배우자의 인생도 중요하다는 결혼관의 결핍 현상이다. 나는 가파르게 치솟는 이혼율을 볼 때마다, 한 번쯤 더 살아보면 어떨까를 상상했다. 2022년 말에 방영된 tvN 드라마 <재벌집 막내아들>의 도준이와 같이, 인생을 다시 살면 뼈아픈 실수를 줄일 수 있을 것처럼 생각했다. 이것도 힘들면 부부의 역할을 바꾸어 보는 역할연기roleplaying였다. 이런 역할연기는 주말이 되면, 가끔이라도 집안청소와 세탁, 장보기, 식사당번, 음식물 분리수거를 남편이 도맡아서 해결하는 것이다. 식사할 경우 아내가 밥을 차리고 남편이 설거지를 나누어서 하거나, 둘이서 같이 요리를 만드는 것도 가정생활의 좋은 역할 분담이다.

아내에 대한 공감력을 키워보는 것이다. 아내는 남

편을, 남편은 아내를 마음으로 이해하라는 것이다. 서로 가정 내에서 위치를 바꾸어 보았을 때, 배우자의 심리 상태를 잘 알 수가 있다. 이런 부부생활의 심리적인 갈등에 대해 최정미 작가는 <부부로 산다는 것>에서 크게 동조했다.

> 사람의 심리란 게 다 그렇습니다. 자신이 하는 일은 소중하고 어려우며, 그 외의 일은 별것 아니고 쉬워 보입니다. 부부 사이에도 그렇습니다. 서로 불만이 있다면, 단 며칠이라도 역할을 바꿔보세요.
>
> 출처 | 최정미, <부부로 산다는 것>, 위즈덤하우스, 2005

결혼한 부부라도 외롭고 힘들 때가 있다. 배우자가 힘이 들 때, 부부는 함께 등을 밀어주고 받쳐주며 인생 소실점을 향해 걸어가는 공생관계다. 마라톤 코스와 마찬가지로 무심코 부부의 인생길을 달리기만 해도, 배우자는 너무 힘들다며 샛길로 빠져나간다. 결국 부부는 중도 포기 선언을 해야만 한다. 평생 반려자로서 일생을 언약한 부부라도, 그 삶 속에는 숱한 비바람과 천둥이 몰려온다. 가파른 언덕길도, 구불구불한 내

리막길도, 편안한 평지길도 모두 다 부부의 인생길이다. 부부의 인생길에는 꽃길만 펼쳐져 있는 것은 아니다. 오랜 기간 부부로서 함께 살아가려면, 배우자의 고민과 심정을 잘 헤아리는 것은 당연한 생각이고 행동이다. 가정 내에서 내 몫과 역할만이 중요한 게 아니다. 배우자의 고민과 심정을 헤아릴 때, 소용돌이 속에서도 행복한 백년해로를 꿈꿀 수가 있다.

매너리즘의 늪

　부부는 특별하다. 세상 인연 중에 부부만큼 친밀감을 나누는 관계는 어디에도 없다. 가정을 이루고 수십 년을 동고동락한 관계다. 나를 낳아준 부모님과는 20대를 전후로 독립해서 생활을 이어간다. 가족이라는 테두리에서 함께 살다가, 세대를 분리하고 독립된 가정을 이룬다. 부부는 남남으로 살다가 그 누구보다도 애틋하고 특별한 인간관계를 형성한다. 가정을 이루고 일생을 함께 나눈다.
　하지만 오래 살다 보면 배우자에 대한 감정 상태는 악화된다. 넘어야만 할 산이다. 너무 익숙해지면 심리적으로 건조한 상태에 머무를 수가 있다. 매너리즘이다. 매일 일상적이고 반복된 삶이 가져온 결과였다. 신선함과 긴장감을 잃어버렸다. 그렇다. 오랜 세월, 익숙한 삶 속에서도 일어날 수 있는 조심스러운 상황은 매너리즘이다.

나는 대학 때부터 가깝게 지낸 친구가 있었다. 오십 대의 나이쯤에 둘이 부부 관계에 대해 허물없는 대화를 나누었다. 다른 사람들의 비밀스러운 부부 생활을 알 길이 없으니, 함께 나이를 먹어가던 친구에게 간접적으로 물어보았다. 그의 아내는 교사였다.

"나: 요즘 재수씨와는 잘 지내지? 결혼할 때와는 많이 다르지?"

"친구: 그럼, 하지만 과거와는 다른 게 좋은 친구 같아. 지금은 각방을 쓴지 꽤 되었어도, 함께 밥도 먹고 대화하며 평생 단짝처럼 지내고 있어."

"나: 나도 그런 걸, 오랫동안 함께 살았더니, 허물없는 친구같은 느낌이야. 우리 나이 때가 되면 애틋함보다는 식구라는 말이 맞는 것 같아. 함께 밥을 먹는 평생 친구 말이야."

평생 단짝, 또는 식구라는 표현이 공통점이었다. 평생 단짝이란 아주 친한 친구, 또는 오랫동안 함께 보냈으며 의지할 수 있는 소중한 관계다. 서로 깊이 이해하고 기쁠 때나 슬플 때나 변함없이 곁에 있으며, 편안하게 속마음을 털어놓을 수 있는 사이다. 반면 식구는 한자 그대로 '밥 식食'에 '입 구口'를 쓰는 단어다. 잠시 풀이하면 '함께 밥을 먹는 사이', 또는 '한집에 살며 끼니를 같이 나누는 사람'이란 뜻이다. 가족이란 주로 혈연관계에 기반을 두지만, 식구는 피를 나눈 관계는 아니라도 한집에서 한솥밥을 먹는 끈끈한 사이다. 때론 가족이라는 혈연관계를 넘어서서 평생 단짝 친구와도 같은 친밀감을 나눈다.

어느 때부터 사랑은 일상화되었다. 결혼 전에 꿈꾸었던 부부의 삶과는 궤도 차이가 있었다. 아내는 남편을, 남편은 아내를 저울대 위에 올려놓고 배우자의 생활을 평가하기도 했다. 나는 아내의 약점을, 아내는 내 약점을 기억했다. 그만큼 오랫동안 함께 살았다는 증거였다. 하지만 남편보다는 아내의 평가가 훨씬 야무지고 살벌하다. 남편은 순간순간 자기감정에 매몰되어 있어도, 아내는 오랫동안 누적된 감정을 껴안고 남편의 가정생활을 채점했다. 마크와 켈리처럼 겉보기에는 완벽한 부부여도, 부부 사이에는 금이 가 있기도 했다. 서로 사랑하지만, 빈번하게 화를 내거나 절망감을 드러내거나 반복해서 싸우는 경우였다.

겉보기에 마크와 켈리는 완벽한 부부였다. 마크는 좋은 직장에 다녔고 멋진 집이 있으며, 세 자녀는 똑똑한데다 공부도 잘했다. 그들 가족은 해마다 한 번씩 외국여행을 다녔다. 그러나 닫힌 문 뒤에서 볼 때 이들 부부 사이는 금이 가고 있었다. 서로 사랑하고 있었지만 자신들이 늘 싸운다는 사실에 당황하면서 깊은 절망감에 빠졌다. 켈리는 늘 화를 냈고 마크는 영문을 몰라서 당황할 때가 한두 번이 아니었다. 그는 왜 이렇게 자꾸만 꼬이는지 그 이유를 알지 못했다. 문제는 간단했다. 마크는 다른 남자들과 마찬가지로 켈리가 특별한 채점표를 이용하여 그들의 결혼생활을 체점하고 있다는 것을 몰랐던 것이다.

출처 | 앨런피즈·바바라 피즈, <거짓말을 하는 남자 눈물을 흘리는 여자>, 이종인 옮김, 김영사, 2011

금실 좋은 부부의 애정은 왜 금이 간 것일까. 부부의 매너리즘은 어두운 터널과도 같았다. 하지만 중요한 것은 변치 않는 마음이다. 빛이 머물지 않는 어두운 터널을 벗어나려면, 부부의 삶에서 또 다른 사랑의 하모니를 발견해야 한다. 함께 잦은 대화를 나누던, 여행을 가던, 취미생활을 즐기던 매너리즘의 탈출구를 찾아야만 한다. 그렇지 않으면 부부는 늪지대와 같은 매너리즘에게 애틋한 사랑의 공간을 내어주어야만 한다.

미움의 폭발력

　늘 사랑스러운 부부가 있을까. 그렇다면 권장할만한 일이다. 솔직히 이런 부부들은 어떤 모습일까. 마음을 잘 다스리며, 부부의 일생을 그 어느 것보다 소중하게 생각하는 사람들일 것이다. 긴 세월 속에서도, 매일 샘솟는 듯한 사랑의 감정을 품고 살아가는 부부라는 게 맞을 것이다. 남편은 아내와 더욱 가까워지기를 바라며, 아내가 더욱 잘되기를 바라는 마음일 것이다.
　하지만 인간에게는 사랑love하는 마음과는 달리, 미움hate이라는 감정도 있다. 상대방을 싫어하고 불쾌하게 여기는 감정이다. 나도 이런 감정을 품었을 때가 있었다. 직장생활을 할 때였다. 내가 공공기관에서 근무했던 곳은 연구직과 일반직이 같은 건물에서 생활하던 연구원 시설이었다. 연구직과 달리, 일반직은 집단성향을 띠고 있었으며, 능력보다는 계급을 중심으로 상하 관계의 질서체계를 유지했다. 공공기관에서 고위직 친인척의 도움을 받아 입사한 사람이라고 했다. 소수의 연구직과 다수의 일반직이 함께 근무할 때, 서열과 집단성향, 평가를 통해서 연구직을 통제하려고 했다.

　이때에 하도 유별나게 연구직을 무시하던 일반 직원이 있었는데, 자괴감으로 인해 연구직을 깔보던 모습을 보며 무척 감정이 상했었다. 서로 교류하거나 소통하는 것, 또는 가까이 오는 것 자체를 꺼렸다. 심지어 미워할 경우, 그 사람이 잘 안 되거나 해를 입기를 바란다. 상대방의 단점과 행동을 집중적으로 비난하며, 그 사람의 존재 자체를 거부하고 싶은 마음이 일어난다. 그럴 때마다 부정적인 생각과 불쾌한 감정을 쌓아갔다. 미움이 증폭했었다.

　부부 사이도 인간관계다. 복잡한 감정이 일어날 수가 있다. 허기진 감정 상태에 빠져서, 배우자를 비판하거나 거부하는 역한 감정을 가질 수가 있다. 부부라도 사랑만 할 수 있는 건 아니라는 말이다. 서로 미워하고 배신할 수도 있다. 부부 관계에서 미움은 말끝마다 불만에 가득 차 있고 꼴 보기 싫고, 상대방의 생각과 행동이 눈에 거슬리는 버거운 감정 상태다.

부부 사이에서 미움의 상황을 제시한 분은 빠다킹 신부님이었다. 부부 관계에서 사랑과 미움의 감정이 어떻게 작동하는가를 풀어냈는데, 러시아 대문호였던 톨스토이의 "누군가를 미워하면 인생에서 그 감정만큼 구멍이 난다."는 말을 인용했다. 미움이라는 감정은 한순간에 생기는 것보다는 점점 강하게 작동하는 역동성을 지니고 있었다.

사실 미움이라는 감정은 처음의 작은 상태가 그대로 유지되지 않습니다. 처음에는 '웃고 넘어갈 수 있을 정도의 미움'이었는데, 나중에는 본인이 절대로 감당하기 힘든 수준으로 커지게 됩니다. 어떤 자매님으로부터 남편이 너무나 밉다는 이야기를 들었습니다. 남편이 자기 옆에 있는 것도 싫을 정도였습니다. 그 이유를 물으니, 남편은 자기밖에 모른다는 것이었습니다. 아내의 말을 전혀 들어주려고 하지 않고 자기 마음에 들지 않으면 화부터 버럭 낸답니다. 집안일도 전혀 도와주지 않으면서 자신을 식모 취급만 하는 것 같아서 도저히 견뎌낼 수가 없다고 합니다. 그러다보니 싸움의 횟수가 점점 늘었고 이제는 같은 공간 안에 있는 것조차 몸서

리칠 정도로 싫다는 것이었지요. 남편이 언제부터 이러했냐고 물으니 결혼 전부터 그랬다는 것입니다. 그래서 왜 결혼하셨냐고 물으니 그때는 이것이 큰 문제인 줄을 몰랐다는 것입니다.

출처 | Cafe "빠다킹 신부와 새벽을 열며"에서 발췌

결혼 전에는 남편에 대한 사소한 미움이 큰 문제가 될 줄은 몰랐었다. 사소한 미움이 쌓이면 혐오와 증오의 감정들이 뒤따른다. 미움의 진화 곡선이다. 미워하는 감정은 한순간에 증폭하기도 했다. 얼마나 미워하는 마음이 컸으면 남편이 자기 옆에 붙어 있는 것조차 혐오감을 느껴야만 했을까. 자기밖에 모르는 이기적인 남편, 아내의 말과 집안일은 전혀 거들어주지 않고 자신을 식모 취급하기도 했다. 자기 마음에 들지 않으면 버럭 화부터 쏟아냈으며, 그러다 보니 얼굴만 마주 보면 싸우는 경우도 잦았다. 결혼 전에는 쉽게 웃고 넘어갈 일도 부정적인 생각들이 쌓여 종국에는 극단적인 상황까지 이르렀다. 같은 시공간에서 함께 살아가는 것조차 몸서리를 칠 만큼 부정적인 부부 관계로 진화했다.

영국의 대문호 섹익스피어는 "남자가 여자에게 프로포즈할 때는 5월의 봄날과 같이 따사롭지만, 결혼하고 난 후에는 북풍한설의 찬 기운이 몰아치던 12월과도 같다."며 말했다. 연애 때는 매번 심장이 두근거리던 사랑의 찬가를 들었는데 결혼 후에는 겨울 한파 속에서 꽁꽁 얼어붙은 불쾌한 감정만을 나눌 수가 있다. 위기의 순간이다. 미운 감정을 품은 부부는 버거운 마음을 껴안고 공회전을 이어간다.

제 6 편
아빠의 자화상

아빠의 지나친 욕심은
아이들에게 해가 되었다.

생색내기 아빠

　딸들은 행복 연주곡이다. 딸들과의 추억은 생각만 해도 행복감이 넘쳐 흐른다. 딸이 없는 가정은 뭔 말인가 해도, 다정다감한 가정 분위기의 원동력은 아들보다는 딸이다. 딸들에게 생색내거나 잘난 척하는 아빠들이 대세다. 딸 바보 아빠들의 천국이다.
　아빠들은 딸들에게 좋은 일이나 작은 도움을 베풀고 나서, 일부러 크게 아내에게 티를 낸다. 쉽게 말해 "내가 딸들에게 이렇게 잘해 주잖아."라는 것을 대놓고 뽐내는 행동이다. 아내에게 칭찬을 받거나 인정받으려는 아빠의 자발성 욕구다. 이를 두고 '생색낸다.'고 한다. 그런데 아빠들의 행동을 가만히 들여다보면, 딸들이 너무 예뻐서 마치 바보처럼 보이기도 했다. 아빠들은 지능이 낮은 게 아니라, 뭘 하든 딸들에게 푹 빠져서 다른 것은 신경을 쓰지 못한다.

딸 바보 아빠들의 특성은 누가 물어보지도 않았는데, 끊임없이 딸 자랑을 쏟아 놓거나, 엄마에게는 카리스마가 있는데 딸들 앞에서는 한없이 약해지거나, 딸들과 함께 있는 시간을 매우 소중하게 생각한다. 딸들 일이라면 만사를 제쳐 놓고 앞장서는 아빠들의 모습이다. 딸들과의 애정 표현도 많고 딸들의 일생을 위해 아낌없이 투자하려는 성향을 갖고 있기도 했다.
　어떤 순간에는 아내보다 더 친밀한 게 딸들이었다. 아내에겐 아빠의 사치품인 고급 향수를 사달라고 조르지는 못해도, 딸들에게 이것저것 구실을 붙여가며 은근히 압박하고 기대한다. 그런데 나는 부모님을 모실 때도, 딸들 앞에서도 여간 생색내기를 하는 게 아니었다. 그래서일까. 자식들이 부모를 모실 때 스트레스를 받은 사람이 있으면 안상학 시인의 "아버지의 꼬리"를 추천한다. 자식은 부모를 돌볼 때 생색내기를 일삼는데, 부모는 거북한 감정을 드러내는 법이 없었다. 그저 잘났던 못났던 자기 자식밖에 모른다.

　딸이 이럴 때마다 저럴 때마다
　아빠가 어떻게든 해볼게

딸에게 장담하다 어쩐지 자주 듣던 소리다 싶어
가슴 한쪽이 싸해진다.

출처 | 안상학, <그 사람은 돌아오고 나는 거기 없었네>,
실천문학사, 2014

이쯤은 해야 딸들에게 사랑받는다. 여기저기 딸 바보 아빠들이 수두룩해도, 딸들의 기분 상태에 따라 예민하게 반응한다. 더욱이 딸들이 아플 때면 내가 아픈 것보다도 비참한 심정을 느낀다. 얼마나 딸들이 예쁘고 사랑스러우면 노년의 나이에도 딸 바보 아빠 노릇을 서슴지 않았을까. 잠시 안시인의 시를 빌려 딸 바보 아빠의 심정을 드러냈다.

"아빠가 어떻게든 해볼게
걱정하지 말고 딸들 하고 싶은 일을 해!"

아빠들의 생색내기는 어쩔 수 없는 천성인 듯싶었다. 딸들 앞에서 생색내기가 나쁜가. 전혀 그렇지 않다. 딸들이 힘든 일을 겪을 때는 서슴지 않고 생색내기를 해보는 거다. 어쨌든 아빠들의 습성은 딸들에게 뽐내고 싶어 한다. 딸들과 함께 다정다감하게 지내려는 아빠의 행복, 자기 자신을 희생해서라도 생색내기를 하려는 것은 아빠들의 또 다른 행복이다.

    딸들과 교감하려는 아빠의 행동, 함께 맛있는 것도 사 먹고 친밀감 있게 대화를 나눌 수 있어야 한다. 나는 가끔 딸들이 택배로 보내 주는 선물 중에서 저당 커피, 탈모용 샴푸, 옷과 신발, 스킨과 향수, 먹거리 등 생활용품을 받기도 했다. 이럴 때의 행복감은 말로 표현하기 힘들다. 딸 바보 아빠들의 행복감은 아무리 생색내기를 해도 턱없이 모자란다. 나도 딸들 앞에서는 실컷 눈치 보고 꼼짝달싹하지 못하는 딸 바보 아빠였다.

욕먹는 날

아내에게 야단맞는 날이 있다. 남편의 잘못을 탓하거나 따져 묻는 일이다. 커다란 잘못을 저지르고 질책을 받는 것과는 다르다. 밉상스럽게 보여서 한 소리 듣는 날이다. 매년 한두 번씩 경험하는 남편의 자화상이다. 말 나온 김에 아내의 관점에서 바라본 남편의 이미지를 살펴보자. 가정 내에서 남편의 자화상은 아내의 평가가 중요하다. 아내가 남편에 대해 감사하고 존경하는 것은 천연기념물에 가까웠다.

아내의 입에서 옆집 누구 아빠는 좋은 남편이라는 말만 들어도, 할 말이 없어질 때가 있다. 썩 유쾌하지는 않은 말이다. 이럴 때는 다른 사람과 나를 비교하는 것은 좀 불편하다며, 누구나 단점이 있다는 말로 맞받아친다. 하지만 좋은 남편은 아내에게 행복감을 안겨주는 것에 집중한다. 반면 나쁜 남편은 아내 생각은 눈꼽

만큼도 없고 자기가 하고 싶은 것만 골라서 했다.

데이비드 니벤의 <잘했어를 모르는 아내 미안해를 못하는 남편>에서 본 좋은 남편의 평가였다. 아내에게 사랑받는 남편은 이 세상에서 가장 큰 축복을 누리는 사람이었다. 사랑받을 줄 아는 행동을 잘 알고 있었다. 매일 아침 식사를 준비하거나, 꽃을 사다주거나, 사랑스러운 감정표현을 나눌 줄 아는 남편이었다.

> 사랑스러운 우리 남편은 매일 아침 식사를 자기가 준비하죠. 그는 아주 사려 깊은 양반이에요. 종종 저에게 꽃을 사다 주기도 하구요. 사랑하고 사랑받는 것은 이 세상에서 가장 큰 축복이죠. 그리고 그런 일은 우리에게 언제라도 일어날 수 있는 일이에요.
>
> 출처 | 데이비드 니벤, <잘했어를 모르는 아내 미안해를 못하는 남편>, 이정화 옮김, 청림출판, 2004

요즘 중년의 남자들은 툭하면 아내에게 욕먹는 날이 수두룩하다. 특히 김장김치 담그던 날에는 더욱 그랬다. 때마다 아내를 괴롭히던 노동절, 남편은 수수방관하거나 골프가방을 들고 필리핀으로 장거리 여행을 떠났다. 직장 동료들과 사전에 예약된 약속이라서, 어쩔 수가 없는 일이라고 변명했다. 꼴 보기 싫은 밉상스러운 남편이다.

이쯤 되면 편성준 시인의 "아내 이행시"에서 김장김치 담그던 날의 소감을 들어 볼 만하다. 아마도 아내는 김장김치 한다며 친정 식구들과 날짜까지 잡아 놓았는데, 철없는 남편은 땡땡이치려고 장거리 골프 약속을 잡았다. 아내는 남편이 다른 약속을 잡을까 봐, 일주일쯤 전에 이야기했는데 전혀 통하지를 않았다.

다음 주에 김장한다던데
아 지금쯤 내 욕하고 있겠지.

출처 | 편성준, "아내 이행시"에서 발췌

자기 잇속만 차리려는 얍삽한 남편은 이미 욕먹을 것을 알고 있었다. 아내 몰래 딴짓을 계획했다. 어쩌면 남편은 나처럼 매번 김장김치 하는 것을 핑계로 손위의 형님들과 술자리를 생각하고 있을지도 모를 일이었다. 아내에겐 일 년에 한 번씩 찾아오는 힘든 노동절, 철없이 떠들고 놀기만 하던 남편의 행동이 좋게 보일리가 없었다.

김장김치 하는 날은 온 가족과 친척들이 모여, 서로 웃고 떠들며 즐겁게 보내는 가족 행사다. 잔뜩 쌓여 있는 배추 더미를 절이고 무, 마늘, 생강, 고춧가루, 젓갈 등 온갖 양념을 버무리고 겨울 동안 함께 먹을 김장김치를 만드는 날이다. 이날은 김장김치 만드는 것을 뛰어넘어, 함께 음식을 만들고 정을 나누는 문화적인 전통을 갖고 있다. 설날이나 명절과는 달리, 힘든 노동의 시간이지만 가족 간의 유대감을 나눌 수 있는 특별한 날이기도 했다.

나도 김장김치 하던 날에는 아내의 속을 꽤나 썩혔다. 처가에서 형님들과 어울려 온종일 술독에 빠져 허우적거린 일이 한두 번이 아니었다. 김장김치 하는 날은 푸짐한 수육과 갓 절인 김장김치를 술안주 삼아 흥겹게 회포를 푸는 날이었고, 아내에겐 중노동의 힘든 시간이었을 게 뻔했다. 김장김치 하는 날, 그때마다 뒤통수가 가려운 것을 보니 어쩌면 내 욕을 실컷 하고 있을지도 모를 일이다. 아내가 힘든 일을 하면 습관적으로 배려하는 남편의 모습, 아내에게 사랑받고 싶다면 눈치껏 실천에 옮겨야 할 행동이었다.

내가 소주냐

아내를 얼마나 사랑하는가. 누군가를 좋아하고 소중히 생각할 때, 말과 행동으로 이야기하는 게 애정 표현이다. 마음속 사랑과 아끼는 마음을 행동으로 드러내는 것이다. 하지만 애정 표현에 서툰 사람들도 있다. 용기가 없고 감정 표현이 어색해서, 애정 표현이 서툴다면 충분히 이해할만하다. 부부 관계에서 애정 표현이 많다고 해서, 크게 문제가 되지는 않는다. 적극적으로 마음을 표현하지 못하는 게 큰 문제였다.

오래된 부부일수록 각방을 쓰는 경우가 많았다. 분리된 생활공간을 쓰는 부부들, 위험한 줄 알면서도 서로를 밀어내는 분리 현상이 일어났다. 분리된 공간 속에 놓여 있어도, 결코 애정 표현이 줄어들면 위험한 수위에 다다를 수가 있다. 늙어갈수록 아내는 안방에서 생활하고 남편은 거실이나 건넛방으로 자리를 옮겨갔다. 서로 서운했거나 정서적으로 멀어졌을 때, 각방을 쓰는 사례도 있었다. 단순히 부부가 잠자는 공간을 분리한 것을 넘어, 마음속 거리감을 두었을 때 큰 문제가 되기도 했다.

그렇다면 부부의 애정 표현은 어느 정도이면 적당할까. 최근 인구보건복지협회의 조사에선 하루 평균 30분 이상 대화하는 부부를 가장 이상적이라며 발표했다. 대화의 내용은 자녀 문제, 부부 관계, 집안일, 사회생활, 뉴스 등 생활 주변에서 발생하는 잡다한 이야기가 소재였다. 부부의 대화는 시시콜콜한 것들이었다. 대화의 질이나 내용보다는 대화 자체를 중요시 다루어야만 했다. 부부 사이에도 대화가 줄어들 때가 온다. 연애할 때는 "예쁘네", "고마워", "사랑해"와 같은 애정 표현들은 차고 넘치는데, 어느 순간부터 거추장스럽고 형식적인 말투로 바뀌었다. 가끔 배우자를 벽창호처럼 다루기도 했다.

나도 예외적이지는 않았다. 한동안 미련하고 고집 센 못난이쯤으로 아내를 여기기도 했다. 소심한 성격 탓도 있었지만, 자존감은 바닥에 떨어지고 형식적인 말투가 가정생활을 지배했다. 대화가 사라지면, 정말 사랑하고 있는 부부 관계인가에 대한 불신도 치솟아 오른다. 서로 대화하는 것조차 별도의 시간 관리가 필요할 정도였다. 그만큼 관심이 없어진 증거였다. 어느 날인가, 아내는 부부간의 사랑에 대해 대뜸 이런 고백을 꺼내 놓았다.

"처음 사랑 끝까지!"

그 말을 듣고 "고마워"라며 말했어야 했는데, 대뜸 "내가 소주냐"라며 피식거렸다. 얼핏 듣기에는 술 광고처럼 느껴졌다. 신중하지를 못했다. 지금 그 순간을 생각해도, 너무 투박하고 형식적인 말투였다. 롯데 음료의 소주 광고인 <처음처럼>을 연상했고 무감각한 표현을 쏟아냈다. 말 그대로 아내는 처음 사랑을 시작했을 때의 마음과 감정을, 한평생 변함없이 유지하고 싶다는 애정 표현이었다. 오래오래 함께하고 싶다는 로맨틱하고 진심 어린 고백이었다.

하지만 무척 서운했는가 보다. 뜨거운 마음으로 죽는 날까지, 서로 사랑을 지켜가자는 뜻이었는데 그 마음을 무시했었다. 너무 실망했는지, 그날 이후 한동안 아내의 사랑 고백을 받아본 적이 없었다. 무심코 던진 말 한마디가 마음속에 커다란 파장을 남겨 놓은 것 같았다. 허물없이 가까운 아내라도, 마음 하나 말 한마디 조심스럽게 사용해야 한다.

사람마다 애정 표현은 다를 수가 있다. 그렇지만 마음속의 사랑과 아끼는 마음을 배우자가 알 수 있도록 드러내면 된다. 부부간의 애정 표현은 건강하고 행복한 부부 관계를 유지하는 데 있어 아주 중요한 부분이다. 나이가 들수록 각방을 쓰는 경우가 있더라도, 늘 잊지 말아야 할 것은 애정 표현이다.

기러기 아빠

우리 집에서 빼놓을 수 없는 이야기는 동남아 유학 일기다. 한국인의 해외 진출은 2000년대에 폭발적으로 증가했다. 자기 나라가 아닌 다른 나라에서 공부하는 것, 오랫동안 해외에서 학문이나 기술을 익히는 교육과정이다. 단순히 유학은 공부만 집중적으로 하는 것은 아니다. 문화적인 충격도 극복해야만 한다. 낯선 생활환경에 적응하고 다른 나라 사람들과 교류하면서, 국내에서 얻기 힘든 다양한 체험과 시야를 넓혀가는 과정이기도 했다.

자녀들의 해외 유학은 이산가족을 무더기로 낳았다. 이런 가정에서, 홀로 한국에 남아 있는 아빠를 기러기라고 불렀다. 주로 아빠는 국내에서 돈벌이하고 가족들은 해외에서 유학 생활을 이어갔다. 우리나라는 1990년대 초부터 조기유학 열풍이 불었다. 그때부터 세계화, 또는 개방화의 열기가 한국 사회를 휘감았으며, 웬만한 가정에서는 자녀 유학의 붐이 일어났다. 이 시기부터 기러기 아빠라는 신조어가 탄생했는데, 홀로 살아가는 아빠들의 외로운 생활상을 상징했다.

내가 가족의 의미를 깊이 고민했던 기간은 기러기 아빠의 시기였다. 출근하던 이른 아침, 또는 잠들기 전에는 줄곧 가족들의 안전과 유학 생활을 위한 기도를 빼놓을 수가 없었다. 기러기 아빠의 삶 중에서 가장 힘들었던 것은 고독이었다. 친밀한 가족들과 동떨어진 아빠의 삶, 마치 다른 세계에서 살아가고 있는 외톨이와도 같은 기분이 들 때 심리적으로 힘든 갈등 현상이 솟구쳤다. 가족들과 떨어져서 살아가는 극심한 외로움과 고통, 자녀들과의 단절감, 그리고 생활 속의 불편함이었다.

너무 힘들었던 나머지, 왜 하필 기러기 아빠라고 불렀는지 그 이유를 찾아본 기억도 있었다. 이때 알게 된 사실은 유독 가족관계나 부부 관계는 새들에게 비유하는 사례가 많았다. 다정다감한 사랑의 관계는 꾀꼬리, 애틋한 부부 관계는 원앙, 강인한 자녀 양육은 독수리, 그리고 행복한 가족관계는 제비에게 비유했다.

새끼를 키우며 살아가는 새들의 헌신적인 습성은 인간의 삶과도 유사했다. 그렇지만 기러기 아빠보다 더 심각한 것은 '펭귄 아빠'였다. 기러기 아빠 중에서도 하층민이었다.

> 이문성 씨처럼 12년 동안 딱 한번 가족을 만나는 경우는 기러기 아빠 중에서도 하층민이다. 어려운 형편에 무리해서 자녀들을 유학 보낸 뒤 해외로 다녀올 수 없어 가족들이 돌아올 때까지 홀로 지내는 사례다. 이런 사람들을 알을 품고 오도 가도 못하는 펭귄에 빗대어 '펭귄 아빠'라고 한다.
>
> 출처 | 명로진, <남자의 교과서>, 퍼플카우, 2013

나는 서울에서 약 7년간을 기러기 아빠로 살았다. 아내와 딸들이 남겨 놓은 삶의 체취와 투박한 짐보따리를 지키며 외롭게 생활했다. 그나마 주중에는 바쁜 직장생활 때문에 시간 가는 줄을 몰랐어도, 주말이면 할 일도 없고 홀로 텅 빈 공간을 지켜야만 했다. 명절이나 주말에 가족 여행을 떠나는 사람들을 보면, 엄청난 자괴감이 들 만큼 삶 속에서 외로움을 느껴야만 했다. 기러기 아빠는 주말을 잘 보내는 것이 생활 속의 지혜였다.

그때를 생각하면 서빙고 온누리교회의 주말반 신앙훈련과 도움을 주었던 집사님들이 생각난다. 내가 기러기 아빠인 줄 알고, 주말을 잘 보내도록 신앙훈련 과정 속으로 이끌어주었다. 나는 주말마다, 서빙고 온누리교회의 이천만 광장에서 집사님들과 어울려 놀았다. 그분들의 도움 덕분에, 외로움을 극복하고 삶을 회복하는 은혜로운 시간을 보낼 수가 있었다.

내 생애에서 잊지 말고 평생 기억해야만 할 신앙의 멘토였다. 나도 외로운 누군가가 자신의 삶을 회복하는데, 커다란 도움을 줄 수 있는 인생 멘토가 되고 싶다. 그분들께 배우고 받았던 삶의 은혜가 내 안에 남아있기 때문이다. 다른 누군가의 삶에서 도움을 줄 수 있는 큰나무의 삶. 우리 삶의 행복은 많은 사람에게 안식처가 되어줄 수 있는 삶의 그릇이 되는 것이다. 내 아내에게도 마찬가지다.

미련곰탱이 아빠

가정에서 아빠의 역할은 부모 돌봄과 자녀 양육이다. 자기 삶을 헌신해서 이루어야만 하는 일, 특히 아빠는 두 가지 역할을 충실해야 한다. 돌봄은 몸이 불편하고 연로하신 부모님과의 관계에서 자식의 도리를 다하는 것이고, 양육은 어린 자녀와의 관계에서 성숙한 사회인으로 잘 키워내는 일이다. 부모 돌봄과 자녀 양육은 나의 역할이었다.

부모 돌봄은 주로 연로하신 부모님과의 관계에서 헌신적인 자식의 도리이고, 양육은 자녀와의 관계에서 잘 키워내는 것이 아빠의 의무다. 돌봄은 보살피는 일이고 양육은 키워내는 일이다. 둘 다 아빠에겐 헌신의 대상이지만, 아이들이 잘 크고 못 크고는 부부의 몫이었다. 부모님은 보살펴야 하지만, 자녀들은 길러내야 한다.

자녀를 키우는 것은 독립된 사회인으로 성장하도

록 삶의 기반을 만들어 주어야 한다. 일정한 나이가 되면, 독립된 개체로서 자기 역할에 충실할 수 있도록 정신적, 육체적인 성장을 돕는 일이다. 자녀 양육은 신체적인 성장만 있는 게 아니다. 독립성과 사회성도 키워주어야 한다. 자녀 양육은 힘들어도, 매우 보람 있는 부모세대의 역할이다. 부모가 아이들의 삶을 대신 살아 줄 수는 없는 것이다.

하지만 부모의 일방적인 뜻대로 아이들을 양육하는 것은 자녀들의 삶에 대한 반칙이었다. 나는 젊어서 아이들을 내 뜻에 맞추어 키우려고 했다. 마치 아이들의 삶 속에다 내 꿈을 투영시키려고 했다. 아이들의 삶에 대한 인격적인 존중보다는 강압적인 행동으로 드러났다. 자녀 성장에 대한 지나친 욕심이었다.

자율보다는 계획적인 폭군형 아빠,
자신의 기대에 맞추어
딸들을 키우려던 강압적인 습성

결혼 초창기의 내 모습이었다. 오직 내가 갖고 있던 기대치에 맞게 아이들을 키우려고 온갖 압박감을 자행했다. 나와 아내와 딸들의 생체시간과 활동 공간은 모두 다른 데, 가족 구성원 모두의 행동 모델은 나의 생체시간에만 맞추고 있었다. 이런 탓이었는지, 아이들에게 따뜻하고 자상한 아빠보다는 강압적인 모습들이 강하게 작동했다.

아이들의 생체시간과 나의 생체시간은 달랐다. 아이들을 키우면서 내 뜻대로 되지를 않았다. 그때의 내 모습을 돌아보았더니, 결코 좋은 아빠는 아니었다. 한동안 절망감에 빠져 있었다. 그래서 좋은 아빠의 모습을 깊이 생각하고 깨달은 적이 있었는데, 시간 심리학자인 마이클 브레우스의 <시간의 심리학>에서 커다란 도움을 얻었다. 그는 "모든 사람은 뇌 안에 표준 생체시계를 갖고 있고, 뇌 이외의 신체 부분에도 보다 작은 생체시계가 수십 개 존재한다."고 말한다. 가족 구성원이라도 각자 다른 생체시계가 작동했다. 생리적으로 다른 시간대의 활동성을 갖고 있었다.

모든 이들의 생체시계가 동일한 시간을 가리키며 작동하는 것은 아니다. 당신 친구의 생체시계가 당신의 생체시계보다 조금 빠를 수 있는가 하면, 배우자 혹은 아이들의 시계 역시 당신과는 다른 시간대를 가리키며 돌아갈 수 있다.

출처 | 마이크 브레우스, <시간의 심리학>, 이경식 옮김, 세종서적, 2017

    사람들은 생체시계가 다르게 돌아간다. 이것은 사람마다 다른 성향을 갖고 있다는 말이기도 했다. 나의 생체시간에 다른 사람의 생체시간을 맞추면 곳곳에서 충돌 현상이 일어날 수밖에 없었다. 내 고집대로 딸들을 키우고 싶어 아내와도 심란하게 부딪쳤으며, 이런 모습은 딸들에게 커다란 부담감을 심어놓기도 했다.
    고집 세고 까칠한 아빠였다. 솔직히 자녀 양육에 대한 자신감도 없었다. 딸들과 심란하게 감정적으로 대립한 후, 내 욕심이 딸들에게 예기치 못한 독毒이 될 수도 있음을 깨달아야만 했다. 돌이켜보면 나의 성장기에 가장 크게 영향력을 끼친 것은 어머니의 자상스러운 양육이었다. 어머니의 양육은 강압보다는 자율적이었으며, 철저한 요구조건보다는 희생과 헌신이 먼저였다. 하지만 나는 자율성에 근간을 둔 자녀 양육보다는 계획적인 목표를 세우고, 이를 반드시 실천할 것을 강요했었다. 이런 강압적인 행동에서 벗어났던 것은 가족들과의 불협화음 속에서 좋은 아빠의 역할에 대한 깨우침이었다. 존 맥스웰의 경우, 좋은 아빠의 역할을 미련스러운 곰에게 비유했다. 자녀 양육은 아침마다 가족이라는 울타리 안에서 으르렁거리며 일어나고, 아내와 새끼들을 곁에 둔 곰처럼 묵직하게 머무는 일이었다.

당신이 곰이라면, 겨울잠을 자게 된다. 6개월 동안 아무것도 안 하고 잠만 자는 것이다. 나도 그건 할 수 있다. 잠을 자기 전에는, 미련해질 정도로 먹어야 한다. 나도 그건 할 수 있다. 당신이 곰이라면, 자는 동안 당신은 호도만 한 크기의 새끼들을 낳고 깨어나 보면 조금 자라서 귀엽고 털이 복슬복슬한 새끼들과 만나게 된다. 나도 그건 정말 잘할 수 있다. 당신이 엄마 곰이라면, 당신이 장난 따윈 용납하지 않는다는 것도 모두 안다. 누구든 당신 새끼들을 괴롭히면 당신이 철썩 때려 준다. 새끼들이 위험한 짓을 하면, 새끼들도 철썩 때려 준다. 나도 그건 할 수 있다. 당신이 곰이라면, 당신의 짝은 당신이 아침에 으르렁거리며 일어나는 걸 당연하다고 생각한다. 당신의 다리가 털북숭이가 되고 몸의 지방 또한 엄청날 거라는 것도 당연하게 생각한다. 그렇다....., 난 곰으로 태어날 것이다.

출처 | 존 맥스웰, <어떻게 배울 것인가>, 비즈니스북스, 2014

아빠는 미련곰탱이가 되어야만 한다. 굼뜨고 어리석고 둔하게 보일지라도, 아이들과 함께 어울리고 내가 잘할 수 있는 것을 하면 된다. 아이들의 장래를 걱정한답시고 '책 읽어라', '놀면 뭐 할래', '어떻게 살래'라며 간섭하는 것은 아빠의 자녀 갑질이다. 어리석고 둔해 보여도, 그저 아이들과 함께 잠을 자고 일어나 밥 먹고 돈벌이를 하며, 충실하게 자신의 삶을 살아가면 된다. 미련곰탱이 아빠는 강요하는 행동보다 가족들의 요구를 묵묵히 들어주는 모습이다. 아이들이 원하는 것을 묵직하게 들어줄 수 있는 듬직한 아빠, 가정 내에서 내게 주어진 삶을 충실하게 살아가며 뒹굴뒹굴 내 새끼들을 보듬는 일이다. 나도 가정에서 미련스러운 곰으로 다시 태어나야만 했다.

아내와 딸들 앞에서 행복한 아빠로서 충실하게 살아가는 것. 가족들과 행복을 나눌 수 있는 것이 가정 내에서 아빠의 자화상이었다.

제 7 편
우리 집의 일기장

둘이 넷이 되어
날마다 둘이 둘을 기다린다.

표준모형

가정에는 움직이는 힘이 있다. 가정을 구성하는 원동력이며 기본적인 요소이다. 가정의 핵심 인자가 무엇이고, 서로 어떻게 영향력을 주고받는지를 말할 수 있는 게 표준모형이다. 물론 비유적인 표현이다. 우주를 구성하는 과학의 원리이지만, 표준모형은 가정의 입체적인 역할을 살펴볼 수가 있다. 가정에서 그 이상 쪼갤 수가 없고, 가정을 작동하게 만드는 영향력의 세기다. 가장 기본적인 입자는 엄마와 아빠, 아들과 딸들이다. 하나의 가정을 구성하는 공동체 구성원들이다.

요즘에는 한부모 가정, 조손 가정 등 다양한 가정 형태가 있지만, 가장 흔하게 떠올려 볼 수 있는 것은 부모와 자녀세대다. 남녀가 둘이 결혼해서 가정을 이루면, 새 생명들이 선물처럼 찾아온다. 부부의 사랑을 통해서 출생한 자녀들, 그저 신비롭기만 했다. 부부의 일생에서 가장 큰 기쁨을 선물한 것도, 가장 큰 부담을 선물한 것도 자녀들이다. 아이들의 출생은 커다란 기쁨과 함께 책임감이 몰려왔다.

나는 아들보다는 딸들을 선호했다. 총각이었을 때, 잠시 결혼 후에 꾸려갈 가정의 모델을 상상했던 일이 있었다. 나는 사내아이보다는 딸들이 있는 행복한 가정을 꿈꾸었다. 아내와 결혼해서 딸 둘을 자녀로 두고 싶었다. 나의 기도 제목이었다.

우리 집에는 두 딸이 연년생으로 태어났다. 두 딸의 출생은 놀라운 기쁨이었는데, 밤낮을 가리지 않고 감당해야만 할 일들이 늘어났다. 갓 태어날 때부터 우유를 먹이고 밤낮 가리지 않고 똥 기저귀를 갈아 주었으며, 저녁마다 깨끗이 씻기고 엉덩이가 허물지 않도록 베이비 파우더를 듬뿍 발라주었다. 때와 장소를 가리지 않던 아이들의 울음소리, 가장 힘들었던 것은 아이들의 생리현상에 맞춘 시간 조율 속에서의 양육이었다.

모든 의사표시는 목청껏 쏟아내던 울음소리였다. 배고플 때도, 오줌이 마려울 때도, 몸이 아플 때도, 엄마 품에 안기고 싶을 때도 울음으로 표현했다. 때와 장소를 가리지 않고 울음부터 터뜨렸다. 그런데 참 이상했던 것은 아이들의 출생 이후 부부의 관심사는 변했으며, 부부는 더욱 돈독해지고 친밀감이 높아질 것만 같았는데 전혀 그렇지를 않았다. 친밀한 부부의 대화는 사라지고, 가정 내의 최대 관심사는 아이들에게 옮겨갔다. 존 카트맨 부부의 말처럼, 아이들이 출생하면 부부 관계의 중심점은 자연스럽게 아이들에게 옮겨갔다. 아내와 남편은 서로의 기대를 충족시켜 줄 만큼 넉넉한 시간이 없었다. 그게 정답인지는 몰라도, 우리 가정에서도 똑같았다.

> 아기가 출생하면 부부의 친밀감은 더욱 악화됩니다. 로맨스도 섹스도 열정도 감소합니다. 부부 관계의 중심점이 아기에게로 옮겨갔습니다. 한때 가장 가까운 친구이자 애인이었던 아내와 남편은 서로의 기대를 충족시켜 줄 시간이 없어집니다. 데이트는 완전히 중단되고 긴 대화는 사라집니다.
>
> 출처 | 존 가트맨·줄리 슈워츠 가트맨,
> <우리 아이를 위한 부부 사랑의 기술>, 해냄, 2008

부부의 관심사는 변했다. 아이들이 성장해서 독립

하기 전까지 가정의 최대 관심사는 부부에서 아이들로 바뀌었다. 부부의 시선은 당연한 듯이 아이들에게 옮겨갔으며, 온갖 신경을 집중해서 양육해야만 했다. 밤낮을 설쳐가며 애틋하게 키워야만 했던 것은 아이들이었다. 자녀 양육에 온갖 관심을 쏟은 탓인지, 부모들은 잘 키운 자식 자랑에 푹 빠지곤 했다. 내 새끼들을 성숙한 사회인으로 잘 키워낸 것만큼 더 큰 즐거움은 없었다. 부부의 마음속 중심지점에는 늘 아이들이 자리 잡았다. 그런 탓이었을까. 나는 부모들이 자식 자랑을 쏟아내면 당연한 것처럼 인정한다. 부부의 일생에서 이렇게 공들여 키운 대상은 자녀밖에 없었을 테니까.

여기저기 주변에선 자녀들 이야기가 들려왔다. 일찌감치 서울 사대문 안으로 대학을 보내고 벌써 공공기관의 임직원이 된 자녀들도 있었고, 유학을 보낸 자녀들도 있었고 의사약사고시에 합격한 자녀들도 있었고 중견급 공무원이 된 자녀들도 있었다. 친분 있는 주변 사람들이 내게 들려주었던 이야기였다.

우리 부부도 두 딸을 부지런히 키웠다. 연년생으로 딸들이 태어난 후, 아내는 이제 아이들을 그만 낳자고 제안했다. 나는 벌컥 동의했다. 더 낳으면 잘 키울 자신도 없었다. 둘이 둘을 낳아 잘 키우면, 다음 세대를 위한 사회적 책임은 다했다고 여겼다. 내가 결혼했을 때, 인구 출산율보다는 둘이 둘을 낳아 잘 키울 것을 국가에서도 권고했다. 과잉 인구 증가에 따른 산아 제한 정책의 적용 세대였다. 둘이 둘을 낳아 넷이 되는 것이 가정의 표준모형이었다.

    딸들은 초등학교 졸업 후 엄마와 셋이 동남아에서 성장했다. 어린 나이에 동남아 유학을 떠났으며, 그곳에서 대학까지 졸업하고 돌아왔다. 벌써 직장인이 되어 자신들의 직업 세계를 살아가고 있다. 어느덧 다 커버렸다며 엄마 아빠의 품을 떠나갔다. 우리 집은 날마다 넷이 되기 위하여 둘이 둘을 기다리는 집이다. 둘이 둘 사이를 떠나갔어도 날마다 넷이 되기 위한 그리움을 품고 사는 집, 우리 집의 원형이고 표준모형이었다. 사회인으로 성장한 아이들이 집으로 회귀할 때면 잔잔한 그리움은 온종일 우리 부부의 마음 사이로 흘러갔다.

    우리 집

    둘이 만나 둘이 더 생겨

넷이 살다가
둘이 다 커버렸다며
둘 사이를 떠나갔어도

날마다 넷이 되기 위해
둘이 둘을 기다리는 집

언제나 잔잔한 그리움이
둘과 둘 사이를 흐르는 집

    가장 잘한 일은 넷이 된 일이다. 지금도 날마다 둘이 둘을 기다리는 애틋한 우리 집, 두 딸이 청량리역에서 KTX를 타고 집으로 돌아올 때면 온종일 아이들을 기다리는 그리움에 취해 시간 가는 줄을 모른다. 둘이 둘을 기다리는 집, 둘이 만나 둘을 낳고 부지런히 키워낸 곳이 우리 집이다. 우리 집의 표준모형은 넷이다. 보이는 곳에서든, 보이지 않는 곳에서든 가정의 기본 인자로서 서로 강력한 영향력을 끼친다.

    부부의 일생에서, 가장 행복했던 기억은 둘이 둘을 만나 넷이 된 것이다.

동남아 유학

 해외 유학경험은 사람들에게 긍정적일 수도 있고 부정적일 수도 있다. 반드시 좋거나 나쁜 결과를 낳는 성장기회는 아니었다. 딸들은 엄마와 함께 동남아 유학을 떠났다. 필리핀 클락이었다. 한국 사람들이 골프여행을 많이 가는 도시였으며, 클락은 미군기지가 있어서 상대적으로 안전한 도시였다.
 동남아권에서 영어를 사용하는 국가를 선택했으며, 미국이나 서유럽과 비교하면 유학비용이 저렴했다. 생활비와 학비 등 아빠의 재정 능력으로 그나마 감당할 수 있었다. 지리적으로 미국이나 유럽보다도 가까웠으며, 다양한 문화와 사람들을 만나고 시야를 넓힐 수 있는 이점이 있었다.
 무엇보다도 필리핀은 부모세대와 자녀세대 간의 예의를 본받을 만했다. 어른이나 손윗사람을 깍듯이 존중했다. 필리핀을 간지 얼마 안 되어서, 아내와 딸들과 함께 현지인 가정에 초대를 받아 갔었다. 첫 만남에서 자식 세대쯤 되는 필리핀 아이들이 내 손을 자기 이마에 대고 존경하는 마음을 표현했다. 윗사람을 존경하는 문화적 풍토였다. 너무 보기 좋았었다.

나는 젊어서 경제력이 취약한 대학원생이었고 아내는 학습지 교사였다. 둘 다 등가죽에 붙어 있는 가난이라는 산 경험밖에 없었다. 하지만 아내의 태도는 확연히 달랐다. 나는 가난 속에서 순응하는 법을 배웠다면, 아내는 가난을 이겨내며 뚫고 나아가는 법을 배웠다. 어쨌든 둘 다 가난과는 떨어질 수 없는 막역한 사이였지만, 자녀 양육을 위한 해외 유학을 힘들게 결정했다.

엄마와 딸들은 초등학교를 마치고 동남아 유학을 떠났다. 하지만 주변 사람들은 조기 졸업한 두 딸을 보고, 천재를 키웠다며 부러워했다. 유학을 떠난 지 7년 만에 중고등학교와 대학을 졸업하고 귀국했다. 사람들이 천재를 키웠다고 말할 때면, 나는 한국과 필리핀의 학제를 잘 활용하면 충분히 가능한 일이라고 이야기했다. 물론 딸들은 해외 유학 생활을 잘 극복한 것은 칭찬할만했다. 딸들은 스무 살 안팎으로 대학 졸업장을 받았다. 어린 나이에 대학을 졸업했다는 것만으로 주변 사람들이 부러워했다.

나는 딸들에게 어릴 때부터 해외 유학길을 열어 주겠다며 약속했었다. 딸들은 국제사회의 경험을 갖춘 개방적인 사람으로 키우고 싶었으며, 영어권인 필리핀 유학을 떠나보냈다. 유학을 보낼 시점에서 아내의 생각과는 달리, 나는 일본 유학을 주장했었다.

"자기야, 아이들을 일본으로 유학 보내면 어떨까? 나도 일본에 대해 좀 알고 있고, 일본은 디자인 학교 등 전문대학들이 많아서 아이들에게 잘 맞을 것 같은데……"

아내는 나와 다른 관점이었다. 아내는 아이들의 장래를 위해 일본보다는 영어권 국가를 선호했다. 아이들이 영어를 익혀두면 다양한 해외 경험을 쌓는 데 도움이 되고, 훨씬 아이들의 장래를 위해서라도 유익할 것으로 이해했다. 일본에서 특정한 전문지식과 기술을 익히기를 원했던 내 생각과는 사뭇 달랐다.

 그리고 아내가 센터장으로 근무했던 지역아동센터에 원어민 영어 선생님이 오셨는데, 그분은 필리핀 산 페르난도 출신의 외국인이었고 앙헬레스 시티의 홀리 엔젤스 대학Holy Angels University을 졸업했다. 아내와 딸들은 그분의 도움을 받고 앙헬레스 시티의 홀리 엔젤스 대학으로 동남아 유학을 떠났다.

 나는 기러기 아빠였다. 딸들은 중학생 때 한국을 떠났다가 스무 살 전후에 홀리 엔젤스 대학에서 졸업장을 받았다. 해외에서 딸들이 잘 성장한 것만큼 큰 기쁨은 없었다. 딸들의 유학 생활을 돌아보면 마음 깊은 곳에는 뿌듯함과 함께 감사가 온몸의 신경세포를 자극한다. 나는 저가 비행기를 타고 분기마다 한번씩 필리핀으로 날아갔었다. 그럴 때마다 아이들의 어학 수준과 공부습관은 달라져 있었다. 딸들은 둘 다 어학에 재능을 보였다. 해외여행 중에도 영어를 사용해서 현지인들과 충분히 소통할 수준이었다. 필리핀 유학 기간에 두 딸은 영어와 일본어로 자유롭게 소통할 만큼 실력을 키웠다.

유학 중에 홍콩으로 가족 여행을 떠났는데, 가이드나 통역 없이 자유여행을 즐길 만큼 개방적인 아이들로 성장했다. 내겐 아이들의 성장만큼 신바람 나는 일은 없었다. 딸들이 귀국한 후에도 아이들의 장래 걱정을 내려놓았다. 딸들의 유학 생활을 눈여겨보면, 한국과의 교육과정 차이를 발견할 수가 있었다. 국내와는 달리, 필리핀 대학과정은 스스로 필요한 것을 찾아서 학습하는 능력을 키워준다는 점이 인상적인 교육 효과였다.

이런 교육과정은 한국보다 나은 듯했다. 물론 국내에서도 중고등학교와 대학 교육과정은 많이 바뀌었다. 주입식 교육방식에서 벗어나, 스스로 자기 삶 속에서 필요한 것들을 체득하는 학습방법이었다. 이런 학습습관은 아이들의 생활 속에서도 자리 잡고 있었다. 딸들은 스스로 배울 것들이 있으면, 각종 자료를 수집해서 적극적으로 배우려는 학습 태도를 보였다. 엄마 아빠의 대학 시절과는 다른 학습관이었다. 언어의 장벽을 넘어선 것과 자발적인 학습관을 체화한 것은 동남아 유학의 결과였다.

그때의 그 시간을 생각하면, 매 순간 감사하는 마

음을 잊어버릴 수가 없었다. 필리핀 유학은 가족 모두에게 커다란 도전이기도 했다. 아내와 딸들이 떠났던 유학 기간을 생각하면, 내게도 커다란 도전의 시기였다. 낮에는 출근하고 밤에는 책 쓰는 일에 매달렸던 시기였다. 내겐 작가의 삶을 계획하고 꿈꾸었던 준비 기간이었다.

가족력

가족끼리는 서로 닮는다. 부모님께 물려받은 유전자genetics에서 비슷한 정보들을 되물림한다. 정말 신기하게도 너무 비슷해서, 서로 가족인지는 얼굴과 체형만 봐도 알아볼 수 있었다. 게다가 습관적인 행동들도 유사했다. 동일한 가정에서 생활한 탓인지 웃는 표정과 말투, 음식과 취향, 행동 방식이 닮아갔다.

함께 살면 서로 닮는다. 세월 속에서 스며든 예사롭지 않은 가족력이다. 주변에서도 가족력을 이야기하는 경우가 많았다. 가족들이 함께 외출할 때면, 모임에서 만난 사람들은 "엄마, 닮아서 예쁘네", 또는 "성격은 아빠 판박이네"라는 말들이었다. 생김새부터 성격까지 가족력이 갖는 동질감의 의미는 매우 크다.

이쯤 되면 남남으로 태어나서, 가정을 이룬 부부의 가족력도 살펴볼 만하다. 부부는 제짝을 만난 것을 얼마나 자랑하고 싶었던지, 신혼여행이나 해외여행을 가면 심심찮게 똑같은 색상의 커플 티를 입고 있는 청춘남녀를 볼 수가 있었다. 누가 봐도 신혼부부라는 것, 세상을 향해 천생연분의 제 짝을 만나 함께 사랑을 나누고 있다는 동질감을 표현했다.

　사람들에겐 부러움을 자아냈다. 물론 얄밉기도 했다. 이런 유형의 청춘남녀를 보면 사람들은 젊은 시절을 돌이켜보는 듯한 눈빛을 품고 "마냥 좋겠네!"라며 부러워하기도 했다. 풋풋하고 열정이 넘치던 연애 시절이 떠올랐기 때문이다. 우리 부부도 신혼여행지의 택시 운전 기사에게, 식당 아줌마에게, 상가 주인에게 가끔 듣던 말은 둘이 닮았다는 말이었다. 처음 들었을 때는 상업적인 속삭임처럼 귓가를 맴돌았지만, 크게 기분 나쁘지는 않았다. 아내는 얼굴이 둥글고 하얀 피부의 맑은 얼굴색이었고, 나는 두툼하고 술에 찌든 꾀죄죄한 얼굴색이었는데 둘이 닮았다고 하니 전혀 손해 볼 일은 아니었다.

　역시 부부도 닮아간다. 삶이라는 공통분모가 갖는 가족력이다. 가족 구성원은 서로 즐기는 문화, 좋아하는 음식, 색다른 건강 유지 방법, 체화된 생활 습관 등에서도 유사한 성향을 보인다. 내가 갖고 있는 습관 중의 하나는 어떤 일을 고민할 때 차량 손잡이 부근을 손가락으로 두드리는 버릇이 있다. 나도 모르게 검지와 장지 손가락으로 심란하게 두드린다.

   늦은 오후 시간에 아내와 함께 퇴근하던 중이었다. 나는 운전대를 잡고 있었고 아내는 옆자리에 우두커니 앉아 있었다. 아파트 매매를 중개하는데, 계약 직전까지 갔던 중개 매물이 갑자기 매도인의 마음이 바뀌어 매매 계약이 틀어졌다. 한동안 공들여 놓았던 일은 물거품이 되었다. 옆자리에 앉아 있던 아내는 차량 손잡이 근처를 검지와 장지 손가락으로 심란하게 두드렸다. 무엇인가를 골똘히 생각할 때에 유사한 행동 성향을 보였다.
   누가 보아도 부부가 아니랄까 봐, 이제는 말하거나 생각하는 사소한 습관까지도 닮았다. 오랫동안 한 울타리에 기대어 함께 살았다는 증거였다.

   그때의 일을 기억하며 한 편의 시를 남겼다.

닮은 꼴 부부

아내와 나는
여자와 남자로 성별은 다르게 태어났어도
함께 한 처마 밑에서 살아왔을 뿐인데
중앙시장 신발가게에서 운동화 두 컬레를 살 때도
적정 가격을 놓고 물밑 경쟁을 하는데
장사꾼의 연륜 탓인지 우리 둘이 닮았다고 한다.
교회에서 주일 예배를 드리고
지하 식당에서 함께 컵라면과 김밥을 먹을 때에도
권사님 부부가 다가와 우리 둘이 닮았다고 한다.
사무실에서 집까지 둘이 이동할 때에도
오늘 할 일을 곰곰이 생각하며
검지와 장지 손가락을 두드리던 사소한 습관들,
아내도 검지와 장지로 창문가를 심란하게 두드린다.
얼핏 보아도 둘이 부부가 아니랄까 봐,
서로는 참 많이도 닮았다.

부부는 서로 닮은 꼴이다. 생활 속에 녹아든 삶의 체취가 생각과 몸에 짙게 스며들었다. 생각하는 버릇도, 먹고 자고 일어나는 시간도, 휴식을 취하고 노는 일도, 그리고 서로 사랑하는 방식도 비슷하게 닮아간다. 부부의 생각과 행동은 서로 체화되어 가정생활에도 영향력을 끼친다. 같은 곳을 바라보며 함께 걸어온 삶의 증거다. 가정에서 부부의 닮은 꼴 습성은 자녀들의 성장에도 크게 영향을 미친다.

 삶의 테두리에서 나와 유사한 삶의 행태를 가진 가족이라는 동질성을 낳는다.

미완성의 집짓기

　사람들은 일하면 끝장을 보려고 한다. 한번 일을 시작했으면 끝을 보아야만 했다. 일단 시작했으니, 끝까지 완성하자는 것이다. 나쁜 태도는 아니다. 완벽주의와는 다른 의미를 지녔다. 일의 완성은 최고의 것을 추구하지는 않아도, 충분히 좋은 상태로 끝마무리를 하려는 의미였다.

　하지만 완성했을 때 아름다운 것도 있겠지만, 미완성일 때 아름다운 모습도 있었다. 미완성이란 완공되지 않는 상태다. 여전히 완성된 작품을 위해, 끊임없이 해야만 할 일들이 남아 있었다. 이런 모습은 가정을 가꾸는 일에서도 적용되었다. 가정이란 완성된 작품이 아니라, 계속해서 세대 간에도 물려주어야 할 집짓기였다.

　내가 결혼 후 짓고자 했던 집은 경쟁주의였다. 사

회에서 개인 발전의 중요한 덕목을 경쟁력으로 보았으며, 남들보다 뛰어난 개인 능력을 갖추어야 행복할 것으로 인식했었다. 아내와 딸들과 함께 짓고 싶었던 집은 남들보다 뛰어난 경쟁력을 갖춘 집이었다.

멋 모르는 아빠가 뒤쫓았던 가족들의 청사진이었다. 그렇지만 거의 뜻대로 되지를 않았다. 지금 생각하면, 오히려 잘 안된 것이 다행스러웠다. 가정을 이해하는 시선 차이겠지만, 겉모습은 기독교 가정이라도 완벽할 만큼 뛰어난 자기계발 역량을 강조했었다. 경쟁주의 시각에서 아이들의 일생을 재단하고 끝없이 노력할 것을 강요했었다.

하지만 가족 구성원 모두가 아빠의 뜻에 동조했는가는 별개였다. 가족 구성원을 향한 경쟁주의 가정관은 아빠의 기대감일 뿐이었지 가족 모두의 생각과는 사뭇 달랐다. 한 가정의 리더로서 실패를 거듭하고 있던 어느 날, 새벽부터 고도원의 아침편지를 읽었다. 그곳에는 우리 마음을 가다듬을 수 있는 지혜로운 생각들이 넘쳐났다. 편협했던 내 생각과는 달리, 삶에 대한 깊은 이해와 감동을 다시금 느껴야만 했다. 인생을 바라보던 깊은 통찰력이었으며, 행복하고 감동적인 삶의 실체였다. 내가 멋모르고 추구했던 경쟁주의 시각과는 다른 가정관이었다.

이를테면 "마음의 근력"이라는 글에서 "성공이란 능력과 노력의 결과물이 아니라, 좋은 습관에서 생겨난다."는 것과 같은 색다른 주장이었다. 우리는 성공 일변도의 삶을 위해서는 능력과 노력을 강조하지만, 고도원의 아침편지에는 좋은 습관 형성을 매우 중요하게 다루었다.

행복한 가정을 만들어 가는 일도 마찬가지였다. 완벽하게 갖추어진 완성된 집보다는 미완의 짓고 있는 집이 사람들에게 감동을 주었다. 사람들의 일생도 그랬다. 사람들은 시공간 속에서 살아가고 있지만, 죽는 날까지 완성된 삶보다는 미완성의 존재로서 죽음을 맞이할 수밖에 없을 것이란 생각이 스며들었다.

우리의 인생이든, 가정이든 끊임없이 짓고 있는 미완의 집짓기가 가우디의 건축물과도 닮았다는 점이었다. 짓다가 포기한 집은 폐가로서 흉물처럼 보일 수가 있겠지만, 계속해서 짓고 있는 집은 미완의 예술 작품이었다. 부부의 행복도 같은 이치였다. 끊임없이 행복을 만들어 가는 미완의 집짓기였다.

짓다가 만 집과 짓고 있는 집은 다릅니다.
짓다가 만 집은 흉물처럼 보이지만
짓고 있는 집은 미완의 예술품입니다.
가우디의 건축물에서 그렇듯
어떤 건물은
수십 년, 수백 년에 걸쳐 짓고 있습니다.
그 미완의 '짓고 있는 집'을
많은 사람들이 줄을 서서 바라봅니다.
감탄하고 감동합니다.

출처 | 고도원, <절대고독>, 꿈꾸는 책방, 2017

    사람들이 줄을 서서 감동 받는 집짓기는 완성되지 않은 집이었다. 부부가 계속해서 지어야만 할 가정의 속성이었다. 부부의 생애에서 공들여 지어야만 할 집짓기는 미완성의 작품이었다. 중도 포기하거나 완성된 작품이 아니라, 계속해서 짓고 있는 행복한 가정이어야 했다. 포기하지 않고 끊임없이 짓고 있는 미완성의 행복한 집, 가우디의 아름다운 건축물이었다.
    흔히 사람들은 부모의 역할에 대해 지나칠 정도로 강한 집착을 보인다. 가정은 완벽한 경쟁력을 가르칠 수 있는 인생 교육장처럼 여긴다. 젊었을 때의 나처럼 말이다. 나 자신도 완벽한 경쟁력을 갖추지 못했는데, 가족 구성원들에게 완벽한 경쟁력을 강요했다. 하지만 가정은 구성원들의 경쟁력을 키워내는 전쟁터가 아니라, 서로 합심해서 행복한 공동체를 만들어 가는 삶의 안식처이다.

고도원의 아침편지는 딱 잘라서 말한다. 우리 삶에서 진정한 성공을 원한다면 체화된 좋은 습관을 키우라는 것이다. 성공적인 삶은 뛰어난 자기계발과 우월적인 능력에 있는 게 아니라, 인간다운 삶의 모습을 습관처럼 체화하고 살아가는 것에 달려 있다. 그렇다. 가정은 경쟁력을 갖춘 인물을 양성하는 곳이 아니라, 좋은 습관을 갖추고 따듯하고 행복하게 살아가는 사람들을 키워내는 곳이다. 나는 가정의 의미를 깊이 되새겨 본 후, 가족 구성원들과 서로 사랑을 주고받을 수 있는 행복한 미완의 집 짓기를 결심했다. 가정은 완성된 곳이기보다는 끊임없이 행복을 추구하는 삶의 쉼터와도 같은 곳이어야 했다.

아빠의 기도

아빠라면 누구나 가정이 잘되기를 바란다. 아내와 딸들이 잘되기를 바라는 마음, 간절한 소망이고 기도였다. 기도는 창조주이신 절대자에게 간절히 의지하는 마음이고, 그분의 뜻과 능력을 덧입고 소망을 이루어 가려는 염원이다. 나는 완벽한 기독교인은 절대로 아니다. 죄도 많고 허물도 많다.

하지만 어릴 때부터 줄곧 교회를 다녔다. 아내와 내가 가꾸고 싶었던 가정은 기독교 가정이었다. 힘이 들고 어려울 때, 우주의 창조주이시고 생명되신 하나님 앞에 겸손하게 무릎부터 꿇는 신앙인이 되고 싶었다. 내가 스스로 할 수 없거나, 내 능력 밖의 일들을 전적으로 하나님께 맡겨드릴 수 있기를 원했다.

나는 딸들과의 추억 중에 중고등학교 기억은 거의

없었다. 아내와 딸들은 동남아에서 성장했고, 나는 기러기 아빠로서 살았기 때문이다. 아내와 딸들을 곁에서 돌볼 수 없었을 때, 나는 한없이 절대자 앞에서 무릎을 꿇어야만 했다. 아내와 딸들은 이방 땅에서 살아가고 있었기에, 직접적인 자녀 양육의 한계를 체험했다. 내가 할 수 있는 것은 매달 유학비용을 보내는 것밖에는 없었다.

내 힘으로 아이들을 키우는 것에 대한 한계를 알았을 때, 비로소 아이들을 잘 키우는 법에 대해 눈을 떴었다. 아이들은 말과 행동으로 키우는 게 아니라, 기도로 키워내야만 했다. 독립된 개체로서 성숙하게 성장해야만 할 아이들, 절대자를 의지하며 키워내야만 했다. 이런 생각을 품게 된 것은 이용규 선교사님의 자녀를 위한 기도였다. 세상 경쟁이나 불안감에 휩싸이는 게 아니라, 마음속 믿음이 승리하는 결실로서 자녀들을 키워야만 한다는 기도문이었다. 자녀를 위한 애씀이나 집착이 아니라, 절대자를 신뢰하는 간절한 마음이었다. 전문보다는 일부를 발췌했다.

자녀를 위한 기도문
이용규 선교사

하나님, 우리의 마음 깊은 곳의 불안을 주님 앞에 내어놓습니다. 사탄이 집요하게 심어준 경쟁의 논리, 무언가를 하지 않으면 뒤 쳐질 것 같고, 죽을 것 같고, 세상 끝에 도달할 것처럼 느껴지는 불안과 두려움 때문에 "남들도 다 이렇게 하는데, 왜 너만 못해!"라고 아이들을 윽박지르고, 때로는 좋은 학원에 다니게 하는 것만으로 부모의 역할을 다한 것으로 착각하면서 아이들과 말씀 안에서 함께 씨름하며 직접 하나님에 대해 가르치는 노력을 포기했다면, 주님, 우리를 긍휼히 여겨주시고 인도해 주십시오. 우리가 스스로와 자녀의 삶을 이끌어가려 했던 애씀이나 집착을 잠시 내어놓고 주님을 바라보고 신뢰하며 기대하기를 원합니다. 때로는 길이 막힐 때마다 불안하고 두렵고 좌절이 찾아오겠지만 그것에 지지 않게 하시고 믿음이 승리하는 아름다운 결실들이 나와 내 자녀의 삶 가운데 나타나게 해주십시오.

출처 | 이용규, <가정, 내어드림>, 규장, 2017

선교사님의 자녀를 위한 기도는 감동적이었다. 그

리고 자녀 양육을 위해, 가장 먼저 내려놓아야만 할 것은 불안감과 두려움이기도 했다. 자녀들을 경쟁 논리에 맞추어, 잘 키워내야만 한다는 강박관념이 문제였다. 아이들의 모든 것을 전적으로 하나님께 맡겨드리기로 다짐했을 때, 제대로 된 아빠의 역할에 대한 출구가 보였다. 그것은 기도였다. 이유는 너무 간단했다. 나는 아이들의 일생을 모두 책임질 수 없지만, 하나님은 나보다 딸들에 대해 더 잘 알고 계시니 책임지실 수가 있었다. 나 또한 매일 반복해서 기도의 단을 쌓았다.

전능하신 여호와 하나님, 저희 가정과 화평의 언약을 세우시고 영원한 언약이 되게 하소서. 우리 가정을 견고하고 번성하게 하시며, 하나님의 임재가 저희 가정 가운데 있게 하시고 세대와 세대를 이어가며 영원히 이르게 해주십시오. 지금 아내와 딸들의 현실 상황은 알 수 없사오니, 현재와 미래의 삶에 대한 불안감을 모두 내려놓습니다. 아내와 딸들의 삶은 창조주 하나님의 영광과 축복을 드러내는 과정이 되고 결실이 되게 해주십시오. 하나님, 삶에 대한 불안과 두려움, 경쟁심과 이기심을 품는 게 아니라, 저희가 겪고 있는 모든 현실은 주께서 완벽하게 예비하셨다는 믿음의 확신을 갖게 해주십시오. 오늘도 저희 가정의 삶은 창조주이신 하나님과 깊이 연결되어 있음을 고백합니다. 멀리 떨어져 있어도, 서로 사랑하고 존중하며 안정감과 행복감을 누리게 해주십시오. 여호와는 저희 가정의 하나님이 되시고, 세상 끝날까지 저희는 주의 백성으로 살아가게 하옵소서.

아내와 딸들이 유학하던 기간, 밤낮 올려드렸던 나의 기도였다. 매일 기도의 단을 쌓지 않았다면, 삶의 공백기와도 같았던 기러기 아빠의 허기진 외로움을 이겨내지 못했을 것이다. 절대자를 향한 기도는 삶의 불안감과 두려움, 경쟁심과 이기심을 내려놓을 수 있던 근원적인 힘이었다. 지금껏 살아오면서, 여기저기 후드득 무너져 내리던 커다란 삶의 공백기를 감당하지 못했을지도 모른다.

끝머리에

    부부는 한 가정을 행복하게 가꾸려면 깊이 공감할 수 있어야 한다. 누가 뭐래도, 부부는 공동존재다. 매우 특별한 관계이며 함께 행복을 추구한다. 시대마다, 또는 사람마다 부부 관계를 바라보는 시선에는 차이가 있을 수 있다. 하지만 부부의 삶을 쉽게 속단하기는 힘들다.

    내가 부부의 행복을 주제로 가정 이야기를 쓴 것은 현실 속에서의 안타까움이 컸다. 부부의 생활 속에서 돈이든 성격이든 일시적인 부딪침이 일어나더라도 쉽게 이별을 선택하지는 말라는 뜻이다. 서로 행복을 위해, 하나의 가정 공동체를 이룬 것이 부부다. 그래서 행복한 삶의 의미를 되새겨 보려고 <행복지시등>이라는 삶의 이야기를 꺼내 들었다. 물론 나와는 다른 관점에서 부부의 행복을 말할 수도 있다.

이 글이 모든 부부의 가정사를 대변하는 것은 아닐 것이다. 그렇지만 사소한 갈등이나 미움에서 비롯된 심란한 대립으로, 평생을 함께해야만 할 부부의 인연을 해체하지는 말았으면 한다. 나도 이제 성인이 된 두 딸을 결혼시켜야 한다. 같은 시공간에서 오랫동안 한 가족으로 살아왔지만, 자신들이 가꾸어 가야만 할 가정의 테두리에서 행복한 삶을 살아갈 수 있기를 바라는 마음이다. 남녀는 설렘과 흥분의 인연으로 시작해서, 평생을 함께할 천생연분의 제 짝을 만난다. 그래서 사랑은 주고 행복을 받는 게 부부의 삶이다.

세상 모든 부부는 매한가지다. 부부의 인생길은 살얼음판을 걸어갈 때도, 꽃길을 걸어갈 때도 있다. 부부는 운명공동체다. 누가 뭐라고 하든, 부부의 삶 속에서 꽃피워야 할 것은 가정의 행복이다. 언제나 행복의 꽃을 피우려고, 세상 그 무엇보다 소중한 가정을 함께 이루었다는 점을 잊지 말 것을 당부한다.